Les essais de Paukémil, l'intrus universel

Lionel Sopgoui

*

DEDICACES

***

Paukémil : concaténation des prénoms de ma mère **Pau**line, mon ami **Ké**vin, mon père **Mi**chel et mon frère **Paul** qui a assuré mon éducation fondamentale.

Gamuraine : mes sœurs **Ga**ëlle et **Mur**ielle, et mon amie Ghisl**aine**.

Delaur : Mes amis avec qui j'aimais parler politique **Del**ors et **Laur**ent.

Rilson : Cy**ril** et Nel**son**, mes amis et contradicteurs favoris.

Eliane : Qui représente toutes les professeures et tous les professeurs que j'ai eus.

Micky : l'un de mes amis qui comprend ou essaye de comprendre mes théories.

Zarbie : représente toutes les jeunes filles qui ont pu me plaire, et dont je ne suis jamais allé au bout.

*

CHAPITRE INTRODUCTIF

***

Un samedi soir, comme partout dans le monde, ou plus particulièrement dans les civilisations occidentales ou occidentalisées, tout samedi soir est un jour particulier de la semaine, moment pour se reposer, se divertir, déstresser après cinq jours de travail chargés, y compris pour les chômeurs et les sans-emplois. C'est encore plus le cas pour les jeunes. Etant donné que l'effet de groupe leur impose, de manière involontaire de « profiter de la vie », de faire la fête, de sortir seul ou avec des proches pour danser, chanter, manger, marcher, boire, fumer, bavarder et s'adonner à toutes sortes de pratiques. Bref de profiter du samedi soir. Ce jour-là, devait donc être perçu par la plupart comme un jour particulier de la semaine. Et c'était bien un jour particulier, pour ce beau petit monde, cette cinquantaine de personnes qui festoyaient, buvaient, dansaient, riant et sautillant çà et là. Par ailleurs, c'était une fête familiale, un mariage coutumier.

Pour être clair, un mariage en Afrique subsaharienne s'opère sous trois plans : le coutumier, le civil et le religieux dans cet ordre. La cérémonie traditionnelle est souvent perçue comme la plus importante parce qu'elle honorerait les parents, perpétuerait la volonté des ancêtres et permettrait la rencontre de deux familles. Elle est donc est incontournable. Elle peut se dérouler de manière théâtrale. La famille de la mariée peut par exemple organiser des stratagèmes drôlement élaborés pour soustraire de l'argent à la future belle famille. Elle feint souvent d'ignorer la raison de la présence de la famille du marié, qu'elle nomme « famille étrangère », qui elle, joue également le jeu.

Et finalement, lorsque la femme est présentée et remise à son mari et sa famille, il y a des applaudissements, des cris de joie, et d'autres gestes symbolisant cette union nouvelle suivent. Tout cela peut durer quelques heures.

Mais pour ce jeune homme appelé Paukémil, c'était un jour vulgaire, comme d'ailleurs la plupart de ses journées et de ses soirées. Il était assis dans un coin isolé, un endroit lui permettant d'avoir la vue sur toute la salle donc sur tout le monde. Il faisait semblant de s'intéresser aux conversations des uns et des autres en souriant de temps à autre, puis replongeait la tête sur son téléphone. D'aucuns auraient pu croire qu'il discutait avec une jeune fille. Mais il s'intéressait à d'autres choses plus passionnantes. Oui, peut-être, mais pour qui ? Vu que les autres étaient en train de festoyer au même moment. Qu'y avait-il donc de plus important, de plus passionnant que le bonheur d'une fête et la chaleur d'une famille, au point où un individu s'isole du monde ? Peut-être, se disait-il, que les autres qui sont entrain de profiter de la vie, en le regardant de temps à autre, se demandaient, « *Pourquoi est-ce que ce jeune homme ne danse pas, ne chante pas, ne parle pas, ne rit pas, ne se mêle pas à sa famille ? Que fait-il donc assis seul avec son téléphone depuis deux à trois heures ? N'avons-nous pas aussi de téléphone ?* ». Mais non, justement il était le seul à se poser ces questions relativement inutiles. Avec les circonstances, l'alcool et les bruits divers, les autres étaient incapables nécessairement incapables d'avoir de telles pensées. Comme Paukémil, ils n'étaient pas assez lucides à ce moment-là de la soirée pour avoir de tels questionnements. Était-il prétentieux ?

Il n'y avait rien de nouveau car quelques proches avaient précédemment remarqué que Paukémil avait l'habitude de s'éclipser, de s'isoler la masse, de se faire discret et invisible. Cela dit, ils ignoraient tous ce qu'il faisait quand il s'isolait. Comme tout jeune de son âge, il doit être sur les réseaux sociaux, ou alors il doit être en train de discuter avec une jeune demoiselle qui l'attire, ou encore il est en train d'étudier car c'est l'une de ses activités favorites, se disaient-ils. Mais lui, il ne m'éditait pas sur ce que les autres pensaient de lui à cet instant-là, car il était très occupé. Plus occupé que lorsqu'il est seul dans un lieu calme.

En effet, il théorisait.

Qu'est ce qui pouvait autant motiver ce personnage mystérieux à théoriser au point où il ignore une fête de famille pour se consacrer à une activité aussi insensée ? Il y avait sûrement une raison, ça devait être une vraie raison car sinon, il se serait impliqué dans cette activité, qui était visiblement incontournable en ces temps-là. Peut-être que Paukémil était simplement une personne peu ou pas du tout sociable, car ce n'était non plus impossible et du coup, pour dissimuler son asocialité, se muait en théoricien.

Bref, ça pouvait bien être tout et n'importe quoi. Et il fallait le comprendre. Il fallait précisément comprendre ce que pensait Paukémil. Comprendre la vision qu'il avait, s'il l'avait, pour la famille, la société, le système économique, la religion, le monde. Enfin pour tout et n'importe quoi car vu qu'il avait l'air solitaire, il se peut qu'il utilisât son temps pour y réfléchir. Il fallait également comprendre pourquoi il agissait comme il le faisait, si son comportement avait un lien de près ou de loin avec ce dont il pensait, ce dont il prévoyait. Il avait surement une position sur les grands sujets de l'humanité : l'amour et les sentiments, la morale de l'intérêt, les idéologies politiques, l'effet de masse, l'homme dans ses rapports avec l'absolu, les objectifs.

Si Paukémil restait seul parce qu'il théorisait, il avait déjà surement traité, ou au moins réfléchi sur lui, sur le monde et sur les sujets qui l'étonnent. Est-ce que toutes ces réflexions pouvaient être bénéfique pour Paukémil ? Pour se proches ? Pour l'humanité ? Aideraient-elles à changer la façon de penser et d'agir ? Mieux encore, y-aurait-il des choses à changer ? Selon un partisan de la théorie de l'harmonie du monde, l'ordre du monde est parfait. Sachant cela, à quoi sert des heures de réflexions et d'hypothèses pour changer des choses dans une monde où tout est déjà en harmonie ?

*

CHAPITRE 1
SUR L'AMOUR ET LES SENTIMENTS
***

Cette soirée devait être suffisamment longue pour que Paukémil finisse peut-être par s'ennuyer. Il lui fallait un interlocuteur ou partir de là. Etant donné la nature festive, la probabilité qu'un convive s'engage dans un débat sans tête ni queue avec lui était très faible. Quelques-uns étaient d'ailleurs saouls, mais qu'en avait-il à faire. Il était partisan et théoricien de la morale de l'intérêt. Son étrangeté entraînait chez lui l'acceptation du fait que ses proches profitent de lui, juste parce qu'en le faisant, ils confirment ses positions sur la morale de l'intérêt.

Bref, Gamuraine était l'une des rares personnes qui ce soir-là, semblaient peu intéressées par la cérémonie, ce qui pouvait sembler surprenant vu que celle-ci était souvent souriante, pleine d'énergie, d'enthousiasme et son attitude pendant les rencontres familiales étaient semblables à celle d'un petit poisson dans l'eau. Mais qu'importe, c'était une aubaine pour un théoricien, pour ce théoricien. C'était l'une de ces rares occasions-là où il ôte son costume de penseur-muet pour devenir un orateur, notamment quand il s'agit de confronter les théories à la réalité.

Dans notre monde, le culte de l'image et du corps est plus qu'une religion, le dictat des apparences est grandissant, l'on agit moins pour son bonheur que pour ce qu'on dégage autour de soi. De ce constat, il n'était pas étonnant que la jeune cousine Gamuraine vienne lui dire, ou bien pour se confier, ou bien pour lui demander des conseils, que son petit ami dont elle était amoureuse, l'a quitté parce qu'elle aurait publié des photos dénudées sur les réseaux sociaux. Ce n'était pas un comportement étranger à l'époque. Était-ce bien ou mal ? Ce n'était pas à Paukémil de faire des jugements de valeurs. Ce qui est sûr est que Gamuraine était libre, et devait jouir et exprimer sa liberté comme elle le voulait, même si cela implique de se dénuder, de se suicider ou de poser quelques actes que ce soit dans une certaine mesure. Il est à noter que sa cousine de la vingtaine avait déjà eu cinq relations amoureuses. Paukémil ne voyait pas à cela un problème car une fois de plus, comme tout individu, sa jeune et jolie cousine devait mener sa vie comme elle l'entendait. Il était en revanche surpris que Gamuraine soit malheureuse et déçue, disons-le pour une histoire de couple. Il n'y avait a priori rien de surprenant, quiconque aurait pu savoir qu'une séparation amoureuse est une situation difficile, mais vu son tempérament, il était nécessairement attendu qu'il essaie de satisfaire sa curiosité ?

Et comme c'était souvent le cas, une multitude de questions foisonna instantanément de l'esprit de cet intrus circonstanciel, parmi lesquelles : Pourquoi est-ce que Gamuraine avait choisi pour lui exposer son problème une personne, qui, vu son attitude semblait n'avoir jamais eu de relations amoureuses ? Penserait-elle que le silence habituel de ce dernier présage une capacité à garder les secrets ? Ou simplement qu'il est capable de la consoler ? La teneur de ces questions pouvait laisser entrevoir un personnage particulièrement narcissique et calculateur. Mais qu'importe.

C'est alors que, résultant de ses interrogations, il se lança dans un monologue, paraissant ainsi, pour le commun des mortels présents, et évidemment pour Gamuraine, doublement intrus, car non seulement de la cérémonie qui était en train de se dérouler, mais aussi de la difficulté que lui avait présenté sa jeune cousine.

Je me trompe peut-être, mais les êtres vivants en général et les êtres humains en particulier n'ont pas nécessairement besoin d'amour pour vivre. Et cela peut se démontrer grâce à divers moyens telles les observations de la vie de tous les jours. Comment comprendre que, nous passons depuis quelques siècles une partie considérable de notre temps et de notre énergie à nous occuper de l'aspect émotionnel de notre existence, dont l'amour fait partie ? Je ne voudrais pas faire de jugement de valeurs, mais je suis convaincu que cela contribue à nous éloigner d'autres préoccupations comme le travail, l'épanouissement intellectuel, la compréhension de notre environnement tous aussi vitales de notre existence, mais encore et surtout la quête du bonheur et de la longévité. J'oserai même dire que l'humanité actuelle est hyperémotive. Comment en est-on arrivé là ?

Gamuraine écarquilla les yeux. Elle commençait à se demander pourquoi elle était venue parler à Paukémil. Elle n'aurait pas imaginé qu'il n'était qu'au début de son monologue.

L'amour peut se percevoir à première vue comme une émotion généreuse et naïve. Mais ce n'est pas aussi simple. Elle est à la base un moyen d'atteindre des intérêts tels que la paix, la perpétuation de l'espèce et le désir par exemple. Je m'explique :

- *L'amour peut générer des valeurs de paix, de tolérance et de pardon. Il est évident que l'amour engendre chez l'être aimant un certain nombre de compromis envers l'être aimé, mieux une volonté et une recherche perpétuelle du bonheur et de l'épanouissement de l'autre, quelques fois en ignorant le sien. C'est d'ailleurs ce que prône la religion chrétienne notamment à travers ses deux premiers commandements qui disent « Tu aimeras le Seigneur, ton Dieu, de tout ton cœur, de toute ton âme, de toute ta pensée et de toute ta force. » et « Tu aimeras ton prochain comme toi-même. »*

- *La perpétuation physique, morale et intellectuelle de l'espèce humaine parce qu'elle suppose la procréation, puis la transmission des connaissances et la volonté du vivre ensemble. La perpétuation de l'humanité depuis quelques siècles et dans de nombreuses sociétés surtout est fondée sur l'amour. L'amour entraîne la volonté de passer du temps ensemble, du vivre ensemble, puis du mariage et de la reproduction physique de l'espèce. Ensuite, naît une volonté de transmettre toutes sortes de choses (éducation, sécurité, nutrition,*

> *valeurs) à ses descendants et à ses proches, d'où la perpétuation morale et intellectuelle.*
- *Et finalement, l'amour produit le désir parce qu'elle favorise quelques fois un rapprochement corporel et un accès à l'intimité physique entre les individus, et par-là la stimulation et la réalisation des pulsions animales tout aussi fondamentales. Le désir existe sans l'amour, mais ce dernier amplifie considérablement le premier. Je ne suis pas un expert là-dessus, mais ce n'est pas naïf si on fait la différence entre « baiser » et « faire l'amour ».*

Y avait-il un rapport entre ce que Paukémil racontait et le problème de Gamuraine ? D'ailleurs ce qu'il racontait était inconsciemment connu de tous. Mais il devait poser les fondements de son argumentaire prochain. Et par honnêteté intellectuelle, il se sentait obligé de préciser au préalable qu'une émotion peut être acceptable, noble, utile et centrale. Mais Gamuraine avait probablement besoin de soutien et de consolation, d'amour, et pas de discours. Une solution acceptable que Paukémil aurait pu lui donner était sûrement de lui dire des mots gentils, et dans une certaine mesure lui présenter des amis, … Mais avait-il des amis ou était-il capable d'avoir de telles réflexions ? En tant que théoricien, Il devait plutôt être du genre à trop bavarder et à peu agir. Il fallait donc l'écouter.

Je me suis amusé à démontrer précédemment que les émotions peuvent être fondamentales pour l'espèce humaine. Mais cela peut-il justifier le fait que l'humanité soit hypersensible et hyperémotive ?

Je vois moi cette hyperémotivité comme une construction sociale. Une construction sociale involontaire et progressive comme plusieurs autres phénomènes. Les sentiments sont des phénomènes purement culturels, même si l'amour est celui qui influence le plus. J'appelle cela construction socio-culturelle parce que les peuples à travers les âges n'en ont pas toujours eu besoin pour leur épanouissement. Bien au contraire, les Hommes préhistoriques étaient plus épanouis que nous qui nous disons modernes et évolués. Les intérêts précèdent les émotions dans l'évolution. Toute tentative comme c'est le cas dans l'humanité actuelle de donner plus de place à une émotion qu'elle n'en mérite met tout le monde en danger, au moins parce que le sacrifice et la dépendance que les sentiments occasionnent entravent la nature libre de l'individu. Soyons fou et disons-le, les sentiments tels qu'ils sont vécus actuellement sont exagérés. Celui qui pense le contraire est simplement dans un stade assez avancé de l'asservissement involontaire qui a cours depuis longtemps.

Imaginons quand la colonisation quel que soit ses formes n'était pas arrivée dans certaines contrées, les peuples se mariaient, se reproduisaient, vivaient longtemps et épanouis pendant des générations. Et pourtant, les mariages étaient arrangés, l'enfant qui était éduqué par la société, était bien plus obéissant. Entendons-nous bien Gamuraine, je ne fais pas de jugement de valeurs ici. Une chose est sûre, l'amour évolue comme les hommes et la société. Donc la manière dont il est vécu aujourd'hui n'est pas arrêtée et est le résultat de plusieurs bifurcations. Tu peux donc décider de prendre une autre voie. Laisse parler ton imagination en gardant des objectifs principaux en ligne de mire.

La société évolue comme l'être humain, donc les sentiments avec eux. Ça ne justifie pas la caricature de l'amour et des sentiments par la société à travers l'art et le cinéma. J'appelle ça caricature parce que tout cela ressemble à une dictature, dans laquelle ceux qui ne s'intègrent pas sont catalogués ou critiqués. Peut-être que c'est un noble sentiment pour l'être humain, mais ce qui serait acceptable est que chacun vive comme il entende ses différentes émotions sans qu'elles soient altérées par qui que ce soit. Aussi bien dans ce domaine que partout ailleurs, il faut équilibrer le naturel et le culturel. Cela étant, il serait légitime de se demander comment un individu constitué à 90% de culturel et à 10% de naturel peut retrouver son naturel. La solution est ailleurs, nous y reviendrons.

Je sais ce que tu penses de moi mais, il n'est pas question pour moi de médire les sentiments, mais de les comprendre. D'affirmer qu'il nous permet d'atteindre certains de nos objectifs fondamentaux. Et d'ajouter que, l'humanité grâce à la littérature et au cinéma, l'a présenté sous des angles différents ou plutôt ... biaisés qu'à présent, bon nombre se sentent obligés (involontairement) de s'y accommoder. Une partie non négligeable de l'humanité est donc en fait victime de l'effet de groupe, victime de la pensée d'après laquelle il faut avoir des émotions, aimer, être amoureux pour avancer, pour atteindre un idéal, cet idéal étant lui-même façonné comme d'innombrables autres choses par cet effet de groupe.

On peut aller plus loin en supposant que l'amour pour l'humanité dont on prête souvent à Dieu, est là aussi et dans l'hypothèse qu'il le ressent, un moyen pour lui, d'atteindre, de satisfaire ses intérêts, même si nous les ignorons. Entendons-nous bien, je ne suis pas en train de m'interroger sur la valeur des émotions dans la vie, mais plutôt sur sa position dans la hiérarchie des priorités et sa manière de les vivre et de les exprimer.

Gamuraine commença à développer des gestes d'agacement, Paukémil devait conclure même s'il avait encore beaucoup à dire. Il trouverait surement une occasion plus tard de poursuivre son discours sur l'émotion humaine. Il était souvent réticent à faire des choses pour satisfaire ses interlocuteurs. Mais il fit cette soirée-là une exception, il essaya de comprendre l'agacement de Gamuraine, et s'empressa de conclure.

En somme, l'amour devient un problème dès lors où les individus, victimes du système social et culturel, de l'environnement lui accorde une place trop importante, ou plus que nécessaire dans leur existence, les amenant ainsi à la négligence d'une grande partie de cette même existence. Et cela a finalement pour conséquence de les éloigner d'autres objectifs, aussi sinon plus fondamentaux. La situation est similaire pour la plupart des autres sentiments que les êtres humains éprouvent ou disent éprouver. Ce sont des moyens, plus ou moins nobles, et pas nécessairement condamnables, qui, nous aident à atteindre nos objectifs, mais à qui, si nous accordons beaucoup trop d'importance, les transforme, quand on y réfléchit un peu, en des obstacles pour nous-mêmes.

L'amour et tous les autres sentiments supposent un certain nombre de compromis. Le questionnement sur les avantages et les inconvénients d'un tel engagement devrait être plus important qu'il n'en a l'air. Bon, en tant que phénomène plus social qu'individuel, il peut paraitre légitime que personne ou presque ne s'interroge. Et tout cela n'est que le fragment d'un problème plus important, plus fondamental...dont nous faisons face.

Son interlocutrice l'interrompît. Paukémil n'avait jamais visiblement connu l'amour, ou du moins n'avait pas connu de relations amoureuses au sens courant, avait un avis tranché sur le sujet, quoi qu'atypique. De même, Gamuraine était perdue par ce discours presque philosophique, déconcertée par cet hors-sujet, déçue d'avoir écouté ce long bavardage trop théorique à son goût et qui n'avait à priori rien à voir avec ce qu'elle recherchait. Mais lui, il avait encore beaucoup à dire, c'était toujours une grande occasion de partager sa pensée, sa vision du monde. Il fallait cependant être raisonnable.

De ce pas, la discussion se poursuivit sur des sujets divers et variés, plus courants et compréhensibles par les deux interlocuteurs, entrecoupée par des verres de boissons, des rires aux éclats. Paukémil resta pour la suite de la soirée, moins intrus qu'il y a quelques heures. Gamuraine avait clairement changé le cours de la soirée de ce dernier. Dans un sens positif ou négatif ? C'est une autre histoire, car dans un cas, il avait été interrompu de ses pensées et dans l'autre, il eut une occasion d'exposer partiellement de sa vision, de l'amour.

*

CHAPITRE 2

SUR LA MORALE DE L'INTERET

***

À première vue, Paukémil paraissait timide. Mais comme le dit si bien René Descartes « nos sens nous trompent ». Par conséquent, ceux qui voulaient se faire une idée sur ce jeune homme en utilisant uniquement leurs sens pouvaient royalement se tromper. Quelques-uns de ses proches savaient qu'il était loin d'être timide et nonchalant, il adorait par exemple débattre avec proches comme inconnues. Ceux qui le connaissaient un tout petit peu évitaient même de s'engager sur certains sujets avec lui de peur que la discussion ne s'achève jamais, ou alors tant qu'il n'a pas eu raison. Néanmoins, de temps à autre, Paukémil trouvait des interlocuteurs assez intéressants pour débattre, même si ça pouvait déboucher sur un discours. Ça devait être le cas ce jour-là, où il eut l'occasion d'exposer son avis sur la morale des individus mis en collections.

Delaur était un bon ami, un jeune homme élancé et assez intelligent, au moins d'après ses résultats scolaires, il s'intéressait aux sujets d'actualité et de culture générale. Ce qui faisait de lui l'un des interlocuteurs favoris de Paukémil. En effet, Paukémil préférait discuter des personnes cultivées et douées pour que l'échange soit houleux. C'est comme cela qu'il pouvait tirer de nouvelles connaissances ou plus simplement la satisfaction de dominer un concurrent à sa hauteur, et finalement pour éviter une situation élève - professeur. Après avoir rapidement échangé les formalités de politesse qui semblaient incontournables mais que pourtant Paukémil jugeaient inutiles sous prétexte qu'ils ne venaient jamais du cœur en plus de dépenser de l'énergie, ils continuèrent…

- *Je te jure gars, je n'arrive pas à comprendre certains membres de ma famille, je ne sais comment qualifier leur comportement.*

- *Je ne comprends pas. Qu'ont-ils encore fait jeune homme ?*
- *Il y en a plusieurs qui, chaque fois, qu'ils ont un problème personnel, viennent l'exposer à la réunion de famille. Et cette dernière les aide financièrement, matériellement et bien sûr moralement afin de régler leurs difficultés. Mais lorsque d'autres ont des soucis, ils ne font absolument rien pour les aider. Pire encore, quand leurs problèmes ont été résolus, la plupart déserte les rencontres familiales. Il me semble que ces personnes poursuivent uniquement leurs intérêts sans remord ni morale.*
- *Tu ouvres là un sujet très important pour moi : la morale de l'intérêt. L'intérêt n'est pas ce qui fonde la morale mais ce qui la perd, la détruit, l'asservit. Et pourtant, tous ou presque, nous ne vivons que d'intérêts. Et cela est une bonne chose. Ils déterminent les relations humaines quelles qu'elles soient.*
- *J'étais sûr que tu devais me sortir tes*

habituelles théories. Bref dis-moi, cette recherche perpétuelle de l'intérêt dans les relations est-elle condamnable ?
- *Sur le plan Morale oui. Mais la Morale est définie comme un ensemble de règles, de principes qu'un groupe (une société par exemple) se donne pour orienter son action vers le bien. La poursuite des intérêts s'oppose ou tout au moins semble s'opposer à la morale et pourtant tout Homme est déterminé et trouve son bonheur par la satisfaction de ses intérêts.*
- *Alors, pourrait-on penser que la Morale s'oppose malheureusement au Bien de l'Homme ?*
- *Eh bien oui, sauf si l'on redéfinit la Morale comme un ensemble des règles et de principes permettant de réguler les intérêts.*
- *Oui, mais pourquoi réguler l'intérêt ? Ne serait-ce pas s'opposer à l'essence de l'Homme ? En effet, si on admet que la régulation de l'intérêt est elle-même un intérêt pour l'homme, la volonté de les réguler ou pas n'est-elle pas un intérêt*

aussi ?

- *Soyons religieux un instant : Admettons que Dieu ait créé l'Homme à son image. L'aurait-il fait pour éviter la solitude ? Ou alors pour que nous l'adorons, le respectons, lui soyons fidèles ? Difficile d'y répondre raisonnablement, on peut s'interroger de quelques manières que ce soit, interpréter les livres saints dans un sens, puis dans l'autre, mais dans tous les cas, Dieu était sûrement intéressé. Mieux encore, il suffit de lire et comprendre des personnages tels Jacob dans la Bible chrétienne pour comprendre que Dieu prône en quelques sortes la pratique de la morale de l'intérêt.*
- *Euh*
- *Mais oui, quand Jacob dépose une stèle symbolisant un temple de Dieu, d'après l'ancien testament, promet qu'il reviendra l'adorer si Dieu l'aide à remplir sa mission. Cela démontre qu'il suivrait Dieu par intérêt. Et Jacob est l'un des Hommes par lesquels la Bible nous enseigne, et donc par lesquels Dieu nous enseigne.*

- *Et nous donc qui sommes censés être à son image et à sa ressemblance, pourquoi essayerions-nous de réguler nos intérêts ? Ne pas poursuivre ses intérêts pour des arguments religieux n'est donc pas acceptable dans la mesure où la poursuite de l'intérêt est une recommandation divine plus ou moins implicite. Peut-être aussi que Dieu aussi régule ses intérêts, comment le saurions-nous ?*
- *Examinons la question sur le plan sociétal : en tout temps, l'Homme a toujours essayé de satisfaire ses intérêts, et encore plus au début lorsque ses principaux objectifs étaient se nourrir et satisfaire sa libido. Après les uns et les autres peuvent voir la nutrition et le coït comme des besoins vitaux aujourd'hui, parce qu'ils sont plus ou moins acquis dans la plupart des sociétés modernes, ça ne change pas le fait qu'à la base, ce sont des intérêts.*
- *Désolé, je dois te couper. Je pense que ceux qui prennent la nutrition et la reproduction comme des besoins vitaux,*

c'est ne pas regarder plus loin que le bout de son nez. Que l'on soit favorable aux thèses cosmologiques ou cosmogoniques, se nourrir et se reproduire n'a jamais été un acquis pour les êtres vivants.
- *Justement, quand il fallait chasser ou faire la cueillette en pleine forêt ou même quand il fallait trouver un partenaire pour assurer sa descendance. Dans un cas, il voulait assurer sa vie, et dans l'autre, la survie de son espèce. Ce sont des intérêts, quoique naturels. Ainsi, ou bien selon la thèse créationniste, ou bien selon la thèse évolutionniste, l'intérêt détermine l'Homme.*
- *Qu'arriverait-il si chaque être humain voulait chaque fois satisfaire ses intérêts ?*
- *Rien ne serait plus normal si et seulement si nous acceptons d'être des sauvages, et donc de retourner à l'état de nature. Le passage de l'Homme de l'état de nature à l'état moderne (ou civil), correspond de fait au sacrifice d'un ensemble d'intérêts particuliers au profit des intérêts d'un*

groupe auquel l'on consent d'appartenir (volontairement ou pas). Ce groupe a pour mission d'assurer la sauvegarde, la satisfaction, voire la pérennité des intérêts (notamment ceux qui lui sont confiés) qui d'ailleurs sont toujours en danger du fait de la guerre de chacun contre tous (voir Thomas Hobbes). Ce groupe est en général de nos jours l'Etat, mais il peut prendre plusieurs autres formes plus ou moins structurées et plus ou moins importantes (sectes, sociétés, associations, organisations internationales, syndicats, ...). De là, la guerre de chacun contre tous mute en conflit d'intérêts, et forcément moins nombreux et plus violents. La morale quant à elle cesse d'être universelle pour devenir locale et localisée. Et sa définition habituellement citée (voir plus haut) devient caduque une deuxième fois (la première étant que la compréhension du mot "Bien" qui y est évoqué est assez problématique et relative)

- *Il devient donc raisonnable et légitime de concevoir la morale comme un ensemble*

de principes et de règles permettant à l'Homme de réguler ses intérêts, c'est à dire nécessaires pour assurer leur satisfaction, leur pérennité sans entraver ceux des autres, car comme l'on dit, tous les plaisirs ne sont pas souhaitables.
- *Cela dit, un grand nombre de malheurs que nous (l'Humanité) connaissons aujourd'hui résultent de ce que les Hommes ont confié leurs intérêts à des groupes, générant comme nous l'avons dit des conflits intérêts plus importants et plus violents. Aussi, les différentes professions naissent de cela, militaires, chefs d'Etat, journalistes, enseignants, commerçants...veulent simplement assurer l'accessibilité et la pérennité des intérêts des gens. Le font-ils toujours bien ? CELA EST UNE AUTRE HISTOIRE.*
- *Ainsi, selon toi, l'État, la société, l'association... sont donc tout simplement des groupes d'intérêts.*
- *Tu as bien compris.*
- *Euh, tout cela est intéressant, mais encore un peu flou pour moi.*

- *T'inquiète, on en reparlera.*

…

Delaur avait aperçu depuis quelques minutes sa petite amie qui l'observaient au loin. Son interlocuteur loin d'être naïf le sentait distrait. Et naturellement, Paukémil détestait ne pas être écouté attentivement. Pour ce dernier, une pareille attitude était assimilable à une condamnation à perpétuité avec isolement permanent. Mais il feignit d'être calme pour ne pas que l'une des relations égalitaires et constructives qu'il avait se détériore.

Mieux encore, il était conscient que ses proches ne devaient pas nécessairement être bizarres et intrus. C'est ainsi que les deux amis se séparèrent tous les deux heureux d'avoir échangé sur un sujet passionnant. Et c'était toujours le cas quand ils se rencontraient. Paukémil fit un geste de la main à la petite amie de son pote, quelqu'un de plus sensible et galant l'aurait salué plus amicalement. Mais il avait au moins été poli, et c'était déjà un exploit, il ne fallait donc pas en demander plus.

CHAPITRE 3
SUR LES IDEOLOGIES POLITIQUES

***

Paukémil aimait théoriser, mais il gardait toujours dans un coin de sa tête la pensée du philosophe panafricaniste Nkuame Nkrumah qui disait « *la théorie sans pratique est aveugle et la pratique sans théorie est vide* ». Cela lui permettait de ne pas oublier que ses théories ne serviraient à rien si elles n'étaient pas appliquées à l'échelle d'une population humaine. C'est sûrement pourquoi il s'intéressait particulièrement l'actualité politique internationale. Il suivait notamment les politiciens à la fois charismatiques et régaliens. En fait, Paukémil pensait et c'était en plus évident, il fallait un brin de rigueur, de charisme et d'autorité pour apporter les réformes qu'il prévoyait et théorisait pour la société. Mais Est-ce au théoricien d'appliquer ses théories à l'échelle sociétale ? Est-ce qu'un théoricien dispose des capacités (sociales et psychiques notamment) nécessaires pour conduire un peuple en tant que leader politique ? En convoquant l'histoire, les exemples d'hommes ou de femmes politiques qui avaient eux-mêmes appliquer leurs « théories » étaient-ils concluant pour que Paukémil, qui plus est un intrus social, devienne politicien après avoir théorisé ?

Peut-être que le monde politique et les systèmes politiques existants à travers le monde étaient plutôt réfractaires à l'expression des idées nouvelles, mieux encore elles étaient perçues comme dangereuses ; car paradoxalement aussi bien les dominants souhaitent garder leurs privilèges, aussi bien les dominés par peur de l'inconnu préfèrent garder la leur ou en tout cas, faire le moins d'efforts possibles pour rétablir l'équilibre (qui est de surcroît un fait plus social que naturel).

Peut-être aussi à cause de leur manque de dynamisme ou plutôt cette absence d'interrogations sur les questions fondamentales, cette façon de traiter des problèmes de manière superficielle et courttermisme ; les solutions proposées sont le plus souvent utiles à court terme mais profondément incompatibles à ce qu'il faudrait faire pour résoudre un problème de manière définitive. On peut alors se permettre de dire que la présence permanente de problèmes contente l'individu, et donc le politicien qui représente de fait, un échantillon de la population.

Peut-être à cause des perpétuels jeux de pouvoir et calculs politiques dont les politiciens faisaient face et qui les empêchaient vraisemblablement d'être objectifs, productifs et efficaces ; le système électoral dominant a d'innombrables qualités qu'un partisan de la morale de l'intérêt désireux de vivre en communauté ne pourrait rejeter. Mais il est construit de telle manière qu'il est carrément impossible à un politicien d'être objectif, ni même partiellement objectif. Il est perpétuellement soumis aux critiques de l'opposition qui, elle, s'oppose systématiquement même si le pouvoir est dans une bonne direction. À peine élu, le politicien commence à faire des calculs pour la réélection tandis que l'opposant doit commencer à s'opposer et à saboter...

Et peut-être finalement à cause de ces multiples doctrines de plus en plus ridicules, parce qu'elles divisent les gens, les enferment dans des conceptions limitées sinon opposées à la complexité d'une personne ou d'une société humaine. Et qui par essence altère et réprime les éléments fondamentaux de l'être humain comme l'intérêt.

Il est vrai que tous ces éléments ne sont pas forcément négatifs au moins parce qu'elles ont pu se reproduire dans l'espace et dans le temps. Et sans doute parce que la politique semble un excellent moyen pour bâtir la paix, la justice et l'harmonie dans une société et entre une société et d'autres. Il paraissait de plus en plus clairement qu'avant de s'interroger sur l'application de ses théories par l'accession au pouvoir politique, Paukémil devait avant tout théoriser la politique.

Paukémil suivait de nombreux politiciens, on peut dire qu'il éprouvait une affection pour certains d'eux que ce soit pour leurs charisme, leurs idées, leur trajectoire ou leur bilan. Il avait décidé de correspondre avec eux, même si dans la plupart des cas, il ne recevait pas de réponses. Dans une de ces correspondances, voilà ce qu'il disait :

Dans les époques récentes, toutes les nouvelles idéologies et façons de penser introduites par les politiciens ont dégénéré en dictature à moyen terme, quand elles n'ont pas échoué à court terme. J'entends par là qu'un bon nombre de ceux qui ont participé à la théorisation d'une idéologie et qui ensuite ont voulu l'appliquer par le canal de la politique (et inversement), étaient des dictateurs en puissance ou sont devenus de véritables dictateurs quand ils n'ont pas été assassinés rapidement. C'est le cas du Communisme instauré par Lénine en Russie à travers la révolution bolchévique suivi d'une répression politique et sociale de quarante ans ; en passant par la troisième théorie universelle portée par Mouammar Kadhafi en Libye suivi de quarante ans de pouvoir sans partage contrairement aux idées de son Livre Vert ; et par le Juche instauré par Kim Ill Sung en Corée du Nord, basé sur le communisme et dégénérant en dictature avec un accent particulier sur le culte de la personnalité ; jusqu'à la révolution bolivarienne de Hugo Chavez au Venezuela aboutissant à la crise économique du fait de la gestion calamiteuse des énormes ressources du pays. D'ailleurs pas besoin d'être révolutionnaire pour être d'accord avec Mikhaïl Bakounine quand il écrit « Prenez le révolutionnaire le plus radical et placez-le sur le trône de toutes les Russies, ou confiez-lui un pouvoir dictatorial [...] et avant un an il sera devenir pire que le Tsar lui-même ». Ainsi, presque seule l'idéologie capitaliste a réussi à triompher sans dégénérer, en général, en autoritarisme. Et cela a une raison fondamentale.

Le capitalisme, grâce à ses fondements que sont : la propriété privée, l'initiative individuelle, la libre concurrence et la recherche du profit, fait appel un peu plus que d'autres idéologies, à l'intérêt, qui est une caractéristique fondamentale du genre humain, et ce depuis le tout début de son évolution. La société capitaliste, en supposant que les individus ont à la base les mêmes moyens, est actuellement celle dans laquelle l'individu s'épanouit le mieux. Pour la simple raison qu'elle a moins tendance à réprimer ses intérêts, sa liberté en la dissolvant dans la masse sous le prétexte d'un idéal commun social ou national.

En effet, j'ai déjà précisé dans mes essais précédents que, dès ses débuts et suivant la cosmologie ou la cosmogonie que l'on préfère, les êtres vivants en général et les êtres humains en particulier ont eu pour objectifs principaux de se protéger, de se nourrir, et de satisfaire leur libido. Et donc, de satisfaire les intérêts individuels et primaires. On parle d'état de nature, cette façon qu'avait l'Homme de vouloir satisfaire prioritairement sinon exclusivement ses pulsions individuelles et plus ou moins animales. Cela avait évidemment pour conséquence de créer des conflits entre les individus (de la même manière qu'entre des males pour chapeauter un troupeau, et pire le male-père se bat parfois contre le mal-fils devenu adulte pour ce contrôle), Thomas HOBBES appelle cela la guerre de chacun contre tous.

Puis, avec le développement de son intelligence, l'Homme (ou l'animal) a réalisé qu'il était nécessaire qu'il s'organise en communauté pour faciliter l'atteinte de ses intérêts primitifs et la pérennité de ceux-ci. C'est ce qui explique la constitution des groupes d'individus de divers types : la famille, le clan. Et cela a abouti aux différentes formes que nous avons aujourd'hui : le village, la société, la nation, la communauté internationale. Finalement, toutes les autres formes d'associations imaginables sont fondamentalement des groupes d'intérêts. Les intérêts évoluent bien-sûr dans le même temps que les structures se créent ou évoluent. Leur objectif (quelques fois recherché de manière naïve) est d'assurer l'atteinte et la conservation d'un certain nombre d'intérêts communs à leurs membres. Tout cela a eu intuitivement de nombreuses conséquences. Le passage de « la guerre de chacun contre tous » en des conflits plus espacés mais plus violents. La naissance de la morale et de toutes les règles assurant l'harmonie entre les individus regroupés et poursuivant les mêmes intérêts, et donc de l'administration, du gouvernement, et enfin des idéologies, se trouve justifiée.

Ainsi, une idéologie assure la stabilité et la pérennité d'une société si cette idéologie semble laisser à chacun de ses membres suffisamment de liberté pour qu'ils puissent satisfaire leurs intérêts individuels, même s'ils sont égoïstes et favorisent bien les inégalités et l'exploitation. C'est ce que sait faire le libéralisme, qui bien-sûr peut s'observer dans diverses sociétés et dans diverses époques de l'histoire, sans doute avec des dénominations différentes.

Les idéologies alternatives ont le plus souvent dégénéré parce qu'elles ne tiennent pas suffisamment compte de l'intérêt des individus, et mettent plutôt en valeur les intérêts fondamentaux de l'ensemble du groupe ou d'un cercle restreint de personnes, soit par ignorance, soit par égoïsme. Même si elles ne sont pas pour la plupart, négatives dans le fondement, elles sont visiblement trop limitées et leurs concepteurs parfois prétentieux et orgueilleux.

De ce qui précède, rien ne dit de manière triviale que le libéralisme est la meilleure idéologie de façon absolue. Malgré les qualités qui ont été avancées, de nombreuses inégalités persistent. Des inégalités au niveau de la possibilité que devrait avoir chaque individu de satisfaire ses intérêts individuels. Mais cela n'est pas la faute des idéologies, il relève plutôt d'un problème plus important dont fait face l'humanité et dont la résolution permettrait logiquement de trouver l'idéologie universelle. Mais nous en reparlerons.

De plus, en ce qui concerne la manière de choisir les dirigeants, d'accéder au pouvoir, il n'y a pas de manière plus naturelle que la loi du plus fort. Cependant, le phénomène social entraînant la dissolution partielle de la liberté et se fondant entre autres sur une sensation d'égalité entre individus, impose donc l'égalité de la décision entre les membres d'une communauté. Ce qui aboutit à peu près à la démocratie moderne qu'on pour redéfinir comme l'égalité dans la prise de décision entre chaque membre d'une communauté définie.

Maintenant, la manière d'exprimer, de matérialiser, de vivre cette égalité peut se faire d'une communauté à une autre différemment. Elle n'est nullement universelle. Toute tentative d'une communauté d'imposer sa vision à une autre se soldera par un échec à moyen ou à long terme. Et les exemples sont légions. Mais en observant sous l'angle de la morale de l'intérêt entre communautés, on comprend rapidement qu'il est raisonnable et naturel de partager, pire d'imposer sa vision aux autres communautés.

Paukémil écrivait régulièrement aux politiciens avec qui ils partageaient des idées. Néanmoins, il savait au fond de lui, c'était tout simplement un sentiment utopique que d'espérer que ses interlocuteurs puissent comprendre, au mieux appliquer une infine partie de ses idées. Elles pouvaient provoquer une rupture trop violente pour la plupart de ses contemporains. Aussi, il est légitime de se demander si les théories de Paukémil étaient suffisamment abouties pour pouvoir être utilisées à une échelle réelle. Un politicien, par définition ne suit que ses instincts, qui sont essentiellement « être et rester au pouvoir ».

Serait-il assez stupide pour expérimenter chez ses administrés les idées d'un personnage, qui, du point de vue comportemental est plus ou moins coupé de la réalité.

Par ailleurs, on peut se demander pourquoi est-ce que Paukémil préfère écrire uniquement aux politiciens qu'il admire. Il est légitime de penser que Paukémil, parce qu'il est Intrus et qu'il contrôle et réfléchit ses émotions, a un certain recul que la plupart des gens n'ont pas. Ce recul doit se matérialiser par une hostilité au sectarisme, et donc une proposition d'idées aux politiciens de tous les bords politiques. La vérité est que Paukémil était légèrement, pas nullement influencé par la société. Donc de temps en temps, il pouvait donc afficher une attitude identique à ses semblables.

*

CHAPITRE 4
SUR L'EFFET DE MASSE

***

L'école est perçue comme une voie royale vers le succès dans le monde moderne. C'est pourquoi elle a été démocratisée pour lutter contre l'ignorance et accroître l'égalité des chances entre individu dans une société humaine. Paukémil le savait bien. C'est pourquoi il était assidu dans ses études, surtout que la nature lui avait donné une intelligence bien supérieure à la moyenne.

Cependant, Paukémil avait une tout autre idée de l'école, comme sur d'autres phénomènes sociaux du même type. Il savait qu'il aurait un jour eu l'opportunité de dévoiler sa vision, à ses risques et périls. En même temps, ce n'est pas comme s'il avait peur du risque puisque le fait d'être intrus peut en constituer un. Réprimer ses sentiments, s'interroger sur des choses qui semblent évidentes et acquises a pour conséquences d'être la risée, le bizarre des autres. Mais fidèle à lui-même, Paukémil se savait spécial. Mieux encore, il était certain que quiconque serait heureux s'il pouvait se substituer à lui.

Le professeur Éliane, d'après sa manière de transmettre les connaissances et son âge, était une enseignante expérimentée. On peut penser qu'elle avait déjà vu toute sorte d'étudiants de plus délinquants aux plus intelligents en passant par les plus bizarres. Ce qui n'empêchait pas Paukémil de la surprendre. C'est en tout cas ce qu'il se disait en observant les expressions de son professeur. Madame Éliane avait déjà eu des avant-gouts des avis de cet étudiant bizarre sur divers sujets durant ses interventions lors des cours de français-philosophie. Ce jour-là, elle devait avoir l'occasion de se faire une idée plus ou moins définitive sur ce jeune intrus. Le sujet du devoir de dissertation proposé convenait bien cette fois-là pour que Paukémil puisse présenter ses idées sur une question fondamentale : l'effet de masse.

Sujet : L'école doit-elle éduquer ou bien instruire ?

Une maxime connue dans presque toutes les contrées du monde affirme : « l'école est la clé du succès ». Cela semble démontrer la popularité, l'universalité et le sentiment de nécessité qu'elle a pour les individus quel que soit leur origine, leur sexe, leur naissance. C'est d'ailleurs ce que sous-tend sa définition « Une école est un établissement où l'on accueille des individus afin que des professeurs leur dispensent un enseignement de façon collective ». Notre maxime définie soulève deux questions : Qu'est-ce que le succès ? Et Pourquoi l'école en serai la clé ? En m'appuyant sur l'histoire de l'humanité et sur ma vision personnelle, je présenterai ce que j'entends par « succès », puis par « école ». Je montrerai que l'école a un rôle utile qui est d'éduquer et d'instruire les masses. Oui mais, l'école est comme, plusieurs autres activités humaines, victimes et moyens de perpétuation de l'effet de groupe, qui peut être dangereux pour l'humanité, et se faisant s'oppose au bonheur véritable.

Le succès désigne le caractère positif de ce qui arrive, de ce qui se produit par rapport à ce que l'on attend ou que l'on aspire volontairement ou pas, et le sentiment de satisfaction qui l'accompagne. Tout le monde aspire au succès, même de manière inconsciente. Il est intimement lié aux objectifs. C'est pourquoi il est d'autant plus biaisé que les objectifs le sont. Une personne vivant dans une contrée précise aura en général une conception des objectifs et donc du succès, dessinée par son environnement. Bien heureusement, la satisfaction que l'on ressent après le succès n'est pas remis en cause par le biais.

Le rôle de l'école dans nos sociétés n'est plus à prouver, au moins d'après les considérations communes qu'elle nous a inculquées. Et si, nous essayons d'étudier l'école en ignorant un certain nombre de considérations conformistes qui nous ont été apprises durant notre parcours scolaire, on a facilement des conclusions différentes. Dans les sociétés humaines modernes et contemporaines, ce sont ceux qui ont un certain niveau d'éducation qui ont plus de chance de se considérer et d'être considérés comme ayant réussi. Le succès est à la fois personnel et socio-professionnel.

La réussite professionnelle : dans la mesure où ils obtiennent un assez bon emploi. Ce dernier implique de l'argent, éventuellement du pouvoir, et parfois le sentiment d'utilité leur permettant de vivre décemment, en général quel que soit le lieu où ils se trouvent. Il n'est pas rare de voir dans notre entourage des personnes qui ont fait de bonnes études être financièrement stable avoir une vie relativement épanouie sur le plan matériel, parce qu'ils ont un salaire leur permettant de se procurer de la plupart des besoins matériels. Cela dit, les élites intellectuelles ne sont pas nécessairement les élites économiques. Loin de là. Le système éducatif moderne fait de l'homme un bon élément pour le vaste système de production et de consommation que constitue le monde. Ces éléments sont multiples et variés, et le succès qu'est sensé apporté l'Ecole à un individu, suppose que ce dernier est tel élément ou tel autre.

La réussite socio-personnelle, parce que les personnes éduquées ou instruites ont en général un ensemble de valeurs et de prérequis, nécessaires à une vie paisible en société. L'école participe par exemple à apprendre aux individus l'ensemble des principes moraux et civiques à travers des cours comme l'éducation civique, l'éducation à la citoyenneté, la morale, l'histoire, la littérature et autres. Cela permet de maintenir l'harmonie sociale, les respects de l'autre, de son milieu de vie, la paix et d'autres qualités dépendant de la région, et étant prises dans leur définition classique. L'école participe aussi à la transmission et donc la conservation des connaissances comme l'indique sa définition. Elle assure en plus la stimulation de l'esprit et du cerveau de l'individu, active et affute sa curiosité, afin qu'il s'interroge sur lui et son environnement, les comprends, les anticipe et les modifie quand il le peut.

L'école est certainement une bonne chose pour le genre humain, mais de par sa structure et son fonctionnement comme ceux de plusieurs autres créations humaines, ne serait-elle pas la cause de la dénaturation du genre humain ?

L'effet de masse est, selon ma définition personnelle, le fait que les êtres humains d'une même zone géographique en général, copient, appliquent et transmettent un ensemble de gestes, d'actes et de faits, depuis une période plus ou moins longue en ignorant complètement pourquoi ils le font et/ou comment ils en sont arrivés là. Ajoutons que « zone géographique » est aujourd'hui étendue à l'ensemble de la planète grâce à la mondialisation et aux nouvelles technologies de l'information et de la communication. Ces gestes, actes ou faits ne sont pas forcément négatifs, mais leurs répétitions entrainent l'humanité dans la situation actuelle, qui selon toute vraisemblance, n'est pas idéale. L'être humain à cause de ses propres créations telles l'école, la religion, la politesse, l'amour et d'autres faits sociaux est ainsi, au fur et à mesure, dénaturé. Et ce à cause de l'accumulation de contrastes : Nous naissons, récupérons la grande partie de l'héritage social de nos parents, avec toutes ses tares, nous ajoutons nos parts de tares au cours de l'existence, et puis nous les transmettons à nos descendants et le processus recommence.

Concrètement, il y a une énorme part de rites et de traditions que nous faisons aujourd'hui, parmi lesquelles aller à l'école, parce que quand nous sommes nés, tout le monde dans notre société le faisait. La plupart des gens ne se demandent jamais pourquoi ils le font, ne se remettent pas en question, ne remettent pas en question leur environnement, et ce n'est peut-être pas de leur faute. C'est l'effet du conformisme social donc de l'effet de masse. La vie de chacun se trouve ainsi linéarisée : on nait, on commence nos études à deux ou trois ans, jusque idéalement à vingt-cinq ans, on cherche un emploi, puis, on se marie dans la trentaine en général, se trouve un domicile/foyer et autres biens, on se reproduit, on fait des économies, on va en retraite ou pas, et on meurt. Quand chacun de nous atteint ces différents âges, ressent une obligation invisible de franchir le cap : un adolescent de quinze ans ressent l'obligation d'avoir une petite amie quand un jeune adulte de trente ans se sent obliger de d'acheter une maison. L'effet de masse, C'est un peu comme si on porte un manteau parce que nous sommes en hiver et pas parce que l'on a effectivement froid. Serait-ce parce que la plupart des gens vivent ainsi que ce processus est idéal ? Peut-être oui, peut-être non. Mais à en juger de l'état actuel du monde, on peut se demander si l'effet de masse, le conformisme social, la routine ne sont pas les causes de nos malheurs et les catalyseurs de la perte de notre identité d'individu libre.

Finalement, l'école comme d'autres créations humaines est très importante pour le succès et l'épanouissement de l'individu, particulièrement sur le plan social. Cependant, elle relève de l'effet de masse, est victime et actrice du conformisme social des individus, participant donc, à la dégénérescence involontaire du genre humain car uniformisant son comportement, aliénant progressivement et subtilement son indépendance naturelle. L'effet de masse n'est pas en réalité la conséquence du sacrifice des intérêts individuels au profit des intérêts du groupe ? Ou pire, ne naît-elle pas du fait que l'humanité ait un autre problème supérieur ?

Paukémil obtînt l'une de ses pires notes en dissertation ce jour-là. Non seulement les parties du devoir étaient inégales, mais aussi il y exprimait une opinion personnelle sans utiliser les citations et les œuvres indiquées. Paradoxalement, il n'était pas très déçu de son résultat. Et même s'elle ne l'avait pas affirmé officiellement, même si ce n'est pas ce que Paukémil recherchait, il sentait que son professeur le respectait un peu plus, ou tout au moins sa vision du monde.

Mais il ne s'arrêtait pas là le jeune Paukémil, il voulait montrer au jour le jour, aux yeux du monde, qu'il ne subissait pas l'effet de masse. Il ne voulait pas se conformer, son ami Loïc l'avait même appelé anticonformiste un jour. Et pour cela, il essayait d'aller à contre-courant de la masse et de la société. Il n'avait pas par exemple de petite amie comme la quasi-totalité des gens de sa génération, ou plutôt n'en ressentait pas un besoin aigu. Car il voyait en une relation amoureuse une forme de dictat social, et c'était le cas puisque la plupart de ceux ou celles qui n'étaient pas en couple étaient au moins mal à l'aise. Parallèlement, Paukémil essayait, avec quelques échecs, d'éviter de regarder des émissions télévisées, d'écouter des musiques, de fréquenter des lieux, de faire des gestes populaires à un moment donné. La plupart des gens applaudissent dans une assemblée ou crient dans un stade par effet de groupe, rares sont ceux qui en le faisant, comprennent pourquoi ils le font. Et Paukémil fait partie de ces rares personnes. Il voulait à la fois se définir, se sentir et vivre comme un intrus. Il pensait en effet, que le grand nombre n'allait pas dans une bonne direction, faisait des choses sans les comprendre, et finalement profitait de ce qu'ils soient dans la masse pour fuir certaines responsabilités. En effet, le fait d'agir en groupe fait en général que l'on ne se sente pas totalement responsable d'une situation qui arrive : le fait de voter un mauvais dirigeant par la majorité des électeurs, le fait de tuer un voleur par justice populaire, le fait de porter atteinte au bien public lors d'une manifestation… Dans toutes ces situations, les individus pris seuls n'ont en général aucun remord, leur responsabilité étant diluée dans le groupe. Et c'est un gros problème. De même, chaque parent attend que son enfant l'appelle *papa* ou *maman*. *Pourquoi ?* On pourrait aussi dire : *Pourquoi pas ?* Même si Paukémil pensait avoir des idées nouvelles, il n'était pas du tout révolutionnaire comme certains pouvaient l'affirmer. Il voulait juste s'interroger et aider ses proches à s'interroger sur eux et sur le monde. Il fallait donc ne rien exclure dans ses interrogations. Et c'est exactement ce qu'il faisait.

*

CHAPITRE 5

SUR L'HOMME DANS SES RAPPORTS AVEC L'ABSOLU

***

Paukémil se sentait théoricien et partisan de beaucoup de choses. Des choses parfois contradictoires les unes par rapport aux autres : Théoricien et partisan de la morale de l'intérêt, théoricien et partisan de la loi du plus fort, ... c'est la preuve que sa curiosité avancée et ses connaissances relatives sur divers sujets lui jouaient presque des tours, qui pouvaient bien l'amener à s'éloigner de l'équilibre qu'il recherchait. Car disait-il « il faut rétablir l'équilibre ». Mais de quel équilibre parlait-il ?

Mais que pouvait-il faire ? Il n'avait pas une intelligence infinie et il ne voulait pas se baser que sur les conceptions habituelles concernant sujets sur lesquels il théorisait. Il souhaitait au contraire saper ses prérequis, c'est-à-dire les connaissances et les enseignements, tant bien morales et sociales, que religieuses et scolaires qu'il avait acquis. Le fait de vouloir tout remettre en question tout le temps contribuait ainsi à déstabiliser sa fragile vie sociale et spirituelle, et à conforter son statut d'intrus.

Ses proches s'en apercevaient bien, car seul un intrus, un asocial ou pire un fou pouvait à la fois rejeter (ou tout au moins remettre en question) Dieu, la Société et l'Amour à la fois. Mais suffit-il d'appeler fou toute personne qui ne fait pas comme les autres ? Serait-ce parce qu'un grand nombre de personnes agit de la même manière ou presque, fait ou pense des choses similaires que cela correspond forcément à la vérité ou à la réalité ? Vérité ou réalité ont-elles une sens universelle ou ne dépendent-elles pas de l'angle sous laquelle on les interroge ainsi que des hypothèses admises ? Il fallait donc s'interroger sur un ensemble de considérations habituellement admises, pourtant à priori non-naturelles. Et pour une rare fois, c'est en visitant la cathédrale de Cologne en Allemagne, avec son ami Rilson, que Paukémil se rendit compte, qu'ils avaient tous les deux, le même avis sur la question de l'Homme dans son rapport avec l'absolu.

- *Tu es baptisé dans quelle religion ?*
- *Chrétienne catholique. Pourquoi ?*
- *C'est une simple curiosité, parce que tu donnes parfois l'impression d'être un athée.*
- *Eh bien, ce n'est qu'une impression. Mais je ne saurai dire si elle est vraie ou non.*
- *Et pour toi, qu'est-ce que Dieu ?*
- *Dieu est un pur esprit infiniment parfait maitre et souverain de toute chose. Du moins, c'est la définition que l'on donne dans la littérature chrétienne. Peut-être que j'ai un avis différent sur la question. Et peut-être pas.*
- *Je te connais, tu as toujours un avis sur tout. Alors, dis-moi.*
- *Je pense plutôt que Dieu est un phénomène créé par nos ancêtres soit pour expliquer des choses qui étaient au-delà de leur entendement, soit parce qu'ils avaient un esprit faible et qu'il fallait trouver un moyen de les ramener sur les voies de la*

morale quand par les pensées ou par leurs actions ils commençaient à s'en écarter (j'entends par-là les péchés, et les commandements ou autres rites dits sacrés), et soit finalement pour se donner une raison de vivre (la promesse du paradis pour certains).

- *Sois plus explicite s'il te plait. Je suis perdu.*
- *Au cours de l'histoire, les êtres humains se sont aperçus de temps à autre qu'ils étaient incapables d'expliquer tels ou tels phénomènes.*
- *Oui, la succession des jours et des nuits, la souffrance due à certains maux ou même l'existence de la mort.*
- *Voilà, tu commences à saisir. Ils ont donc inventé, quelques fois inconsciemment et progressivement, un personnage qu'ils supposent supérieur, à qui ils attribuent la paternité de toute la création ou de certaines parties de la création. Il s'agit de Dieu ou de l'appellation que l'on veut lui donner selon les religions et les différents cultes.*

- *Et ce personnage nous permet donc en même temps de respecter la morale (tel qu'on la conçoit), pour nous faire peur, pour nous aider à se remettre en question, pour maintenir l'équilibre et l'harmonie sociale...*
- *Exactement. Il n'était pas très crédible de créer un dieu pour chaque besoin, quoique les mythologies égyptienne et grecque nous montrent que cela a existé. Et tout cela a abouti au monothéisme généralisé actuel.*
- *Si nous réduisons Dieu à ce que tu racontes, cela voudrait-il dire que tu ne crois pas à la dimension spirituelle de l'être humain ? Et comment expliques-tu la sorcellerie, le mysticisme, l'exotérisme ?*

Paukémil se fronça les sourcils, la question semblait difficile à répondre. Il attendit quelques secondes. La visite se poursuivait à la gare de Cologne.

- *Mon cher ami, il faut savoir que je n'ai pas encore réponse à tout. Je m'interroge. Il est*

nécessaire que j'expérimente personnellement les capacités et les limites de mon esprit. Ensuite, on en reparlera.
- *Euh !*
- *Selon moi, l'homme est corps et esprit. En revanche, je n'ai pas suffisamment expérimenté les profondeurs de mon âme ou de mon esprit au point de partager les résultats avec toi. Pour l'instant, je dirai que même en faisant fi de l'existence d'un Dieu qui nous donne un ensemble de règles et de dogmes à respecter, on serait toujours capable de distinguer ce qui est bien pour nous et selon nous de ce qui est mal pour nous et selon nous. On pourrait même être capable de dompter notre esprit et ceux des autres.*
- *C'est ton fameux innéisme des principes du bien et du mal.*
- *Ah oui. Tu retiens vite. Si l'homme a accepté de céder involontairement ou pas, et de manière progressive une partie de sa liberté à la société, alors ce qui est bien pour lui et selon lui est ce qui contribue au*

bien-être de sa société, c'est-à-dire à la préservation de l'harmonie et la pérennité des intérêts de chacun. Ce qui a corrompu cette conception innée. Nous voyons aisément que des faits sont bien (ou plutôt légaux) dans certaines contrées et mal (illégaux donc) dans d'autres.
- *Nous sommes en plein dans la morale utilitariste.*
- *Oui et en fait, nul n'a besoin de l'existence d'un Dieu quelconque pour être capable de dissocier ce qui est bien de ce qui ne l'est pas. La création de Dieu justifiant donc la faiblesse physique et corporelle de l'homme.*
- *Ce que tu appelles le déséquilibre entre le corps et l'esprit.*
- *Oui. Par ailleurs, il est à noter que les courbes de la connaissance humaine et l'athéisme (ou de l'agnosticisme) croissent dans le même sens : l'utilisation de Dieu pour expliquer certains phénomènes devient ainsi caduque.*

La visite se poursuivit par la traversée du pont Hohenzollern sur le Rhin en ce dimanche d'août ensoleillé. Le soleil était presque à son zénith. Les touristes étaient nombreux. Paukémil regarda les cadenas fixés en signe d'amour. Cela souleva de nouvelles interrogations en lui. Mais il était déjà embourbé dans un débat. L'heure n'était pas à la dispersion. Rilson les lunettes de soleil sur les yeux, n'avait pas remarqué l'indiscrétion provisoire de son interlocuteur, il regarda un ciel sans nuage, puis poursuivit.

- *C'est également le cas avec la subdivision du temps.*
- *Oui, même si on admet que le temps est subdivisé grâce aux cycles solaire ou lunaire, … Il y a un problème au niveau de la valeur qu'on attribue aux jours, aux semaines, aux mois ou aux années, aux anniversaires... et autres événements. Et il y en a une infinité.*
- *Mais les choses existent avant d'être nommées.*
- *Je suis d'accord avec toi. Mais c'est une généralisation grossière, si « une année :*

durée de rotation de la Terre autour du soleil » existait avant d'être nommée, alors je peux appeler « paukémilade : durée de 104 jours 3 heures 8 minutes et 51 secondes ». Et pour ce qui est sa correspondance naturelle, on peut trouver une raison et construire un consensus.

- *Quelle différence y-a-t-il fondamentalement entre un jour et un autre ? entre deux années ? Qu'arriverait-il si l'on dit qu'aujourd'hui n'est pas dimanche, mais lundi ? Cela n'ajoutera pas un lever et un coucher de soleil à la vie d'un homme.*
- *Tout cela n'est qu'illusion. On peut nommer tout ce que l'on veut comme l'on veut pour les raisons que l'on décide. Maintenant, la perpétuation de toute domination est la conséquence d'un rapport de force. L'absolu est à mon humble avis une grosse arnaque. C'est un peu comme dire que « les extraterrestres n'existent pas ». Il faut s'entendre sur la définition du mont « exister ». Si EXISTER signifie perceptible*

par un ou plusieurs sens de l'être humain je serai d'accord, avec le fait que les extraterrestres n'existent pas parce que nous ne les avons jamais détecté ou vu.
- *Tu t'écartes du sujet. Donc Dieu, le temps, le sort et autres sont dans le même paquet ? Tu le conçois comme un outil que l'Homme utilise à ses fins. Nous sommes là entrain de contester un ensemble de choses incontournables aux êtres humains.*
- *Elles ne sont pas inutiles, mais disons que l'Homme utilise l'absolu pour soit se dédouaner de certains actes ou pire échapper à ses responsabilités et fuir ses difficultés. Cela étant, j'évite de faire des jugements de valeurs. Il est supposément honnête de se savoir faible, et de chercher à compenser ou corriger cette faiblesse par la croyance en l'absolu.*
- *Ça me semble confus.*
- *L'Homme se cache derrière l'absolu pour échapper à l'un de ses gros problèmes : la supériorité du corps sur l'esprit (caractérisée par la satisfaction plus ou*

moins immédiate de la faim, de la soif, du désir sexuel, et autres besoins de nature physiologiques ou sociologiques). L'Homme doit rechercher de manière permanente un équilibre parfait entre son corps et son esprit. Il peut le faire en poussant progressivement son corps dans la difficulté afin de stimuler une réaction de l'esprit...

- *D'accord. Mais vu sous cet angle, cela va en contradiction avec tes essais précédents, notamment le fait que l'Homme se soit mis en société pour pérenniser ses intérêts. La partie spirituelle de l'Homme précède-t-elle, dans le temps, sa mise en société ou pas ? Et sinon, pourquoi l'esprit et le corps devrait-il s'équilibrer si l'esprit est arrivé après ?*

- *Tu as raison, cependant tout dépend de la caractérisation que l'on donne à l'esprit. Et que l'on se situe chez les créationnistes ou chez les évolutionnistes, il correspond le mieux à la conscience. La conscience s'est donc développée en même temps que*

l'Homme, et si l'on insiste sur ce chemin, l'éventuelle vie éternelle serait l'atteinte de cet équilibre. Je ne peux poursuivre plus loin avec toi car cela fait partie de ce que j'appelle le problème fondamental de l'humanité. Je prépare un essai sur le sujet. Je te le ferai parvenir au moment opportun.
- *D'accord. On en reparlera j'espère.*
- *Tout à fait, le jour où je te ferai visiter la cathédrale du football.*
- *Qu'est-ce que c'est ? ça existe ça ?*
- *Oui, évidemment, le Camp Nou, à Barcelone.*
- *Tu es un blagueur Paukémil. Je croyais que tu avais oublié le football.*
- *Si mais les faits sont têtus.*

Les deux amis prirent quelques photos et échangèrent avec quelques touristes, avant de se diriger vers le quai pour prendre le train pour la maison. Paukémil semblait heureux, d'avoir joint l'utile à l'agréable. C'est bien pour ça qu'il avait effectué ce voyage. Mais Paukémil avait l'idée prétentieuse que malgré l'échange houleux qu'il venait d'avoir, Rilson avait besoin de temps, de beaucoup de temps pour comprendre tout ce qu'il avait dit. Cela ne lui enlevait cependant pas son sentiment de joie. Etait-ce d'ailleurs un sentiment ? Paukémil, se prenait pour une sorte de personnage sans état d'âme. Une personne qui ne ressent pas la joie, l'amour, la compassion entre autres. Et qui, même quand il semble les extérioriser, ne fait que de la comédie. C'est en tout cas ce qu'il prétendait. Cela pouvait susciter la pitié envers lui, quand ce n'était pas la méfiance. En effet, comment pouvait-il aborder une fille en lui expliquant qu'il était un « sans-état-d 'âme » ? Cette attitude lui garantissait sûrement au moins un célibat durable, ou pire la solitude. Mais, est-ce que lui-même voulait réellement abandonner son statut ? Lui seul le savait.

*

Chapitre 6
SUR LA QUETE DE L'UNIVERSALISME

***

On entend souvent dire que l'Homme est né libre. C'est aussi pourquoi certains disent revendiquer la liberté, d'autres disent combattre pour la conquérir et la préserver. Paukémil lui, ne se sentait pas du tout libre, et il pensait que c'était une vraie utopie que de se dire libre. Avait-il choisi d'aller à l'école ? De s'habiller ? D'utiliser des formules de politesse ? De manger trois fois par jour ? De choisir que telle couleur était préférable à un sexe donné plutôt que telle autre ? Non. Ni Paukémil, ni aucun être humain n'avait eu la possibilité d'effectuer de tels choix. Mais peut-être que c'est cette illusion de liberté qui fait le bonheur de l'Homme. Et finalement, qu'une liberté naturelle, pleine et entière, du fait qu'elle entraînera naturellement sa responsabilité, réduira son bonheur tel qu'il le conçoit actuellement.

Le bonheur. C'est quoi le bonheur ? On ne peut pas dire que Paukémil savait ce que c'est le bonheur. Si on s'amuse à faire un sondage auprès des proches de Paukémil, on peut s'attendre à ce que les 90% affirment qu'il ne sait pas ce que c'est le bonheur (de l'amour, de la fête, de la chaleur humaine, des débats amusants et des discussions inutiles). En effet, passer son temps à théoriser, à s'interroger sur lui, sur le monde et sur les sujets qui l'étonnent, faisait en sorte qu'il n'ait pas assez de temps pour se consacrer à la satisfaction de ses intérêts, tel que son environnement la concevait. Ses théories affirmaient d'ailleurs que ses intérêts étaient biaisés par son environnement. C'est pourquoi il n'y avait rien de pressant à satisfaire ceux-ci. Il fallait plutôt les retrouver, les dé-biaiser. Et pour cela, il fallait être libre ou redevenir libre.

Paukémil tenait un blog sur internet sur lequel il postait ce qu'il appelait prétentieusement « ses essais et ses postulats ». Il avait la prétention de fonder une doctrine définit comme « l'orientation universelle vers la perfection ». Il se rendit compte progressivement que ce qu'il prônait était plutôt l'Universalisme c'est-à-dire le caractère universel/universaliste de ses théories, car il jugeait celles-ci indépendants du sexe, de l'origine, de l'âge, peut-être aussi de l'origine sociale et professionnelle. Sur certains articles, il était pratiquement le seul lecteur. Malgré les titres accrocheurs, il restait assez incompris pour les raisons dont il ignore. Néanmoins, son objectif premier était de s'interroger et d'aider l'Homme à s'interroger sur des questions fondamentales. Et finalement, apporter la solution aux problèmes communs.

Ses écrits s'étendaient sur plusieurs domaines : de la liberté du sujet, en passant par la pauvreté, jusqu'au bonheur matériel de l'Homme. Sa pensée avait évolué au cours de ses recherches, pour arriver au point où tous les problèmes actuels de l'humanité seraient liés.

Cependant, même s'il le disait très peu, il n'affirmait pas uniquement que les hommes avaient des problèmes. Il serait ridicule de critiquer les tares et les aspects négatifs des actes et comportements humains, sans en même temps soulever ce qu'il y a de bien et de formidable en l'Homme : son intelligence entre autres, cette faculté qu'il a de comprendre la nature, de l'étudier, de la transformer en fonction de ses besoins... Ceci qui ne doit pas l'installer dans une situation de confort. Il jugeait juste que la situation n'était pas optimale (l'existence de la pauvreté, de la guerre, de la maladie, de la jalousie pour ne citer que ceux-là montrent qu'il y aurait encore des efforts à faire sur la terre). Il fallait donc la comprendre pour l'améliorer. Il utilisait donc les nombreux acquis de l'Homme pour donner son opinion. Et cela se faisait de manière plus ou moins intuitive.

Essai sur la liberté du sujet.

De tout temps, l'Homme a toujours pensé être né libre et pour être libre. Il a ainsi combattu durant les siècles et les époques, soit pour acquérir sa liberté quand il pensait qu'il ne l'avait pas, soit pour la conserver quand il pensait qu'elle était en danger. Ces combats se situant dans la sphère individuelle (lorsque malheureusement une femme maltraitée par son mari recherche sa liberté ou qu'un jeune adolescent veut s'émanciper de la structure familiale). Ou dans la sphère collective (lorsque des peuples colonisés combattent pour leur indépendance ou que par le biais des révolutions, un groupe social essaie de renverser un autre qu'il juge dominant). Les institutions ont à diverses échelles écrit des lois pour soi-disant assurer la liberté des personnes. Qu'en est-il vraiment ?

La modernité a apporté avec elle conformisme. J'entends par là une conception canalisée du bonheur, de la réussite, des interactions sociales, de la réflexion et de la connaissance, et donc de la liberté et de la vie. Fondamentalement, une liberté diluée n'en ai pas une. On peut aisément dire que la majeure partie de l'humanité terrestre n'a jamais goûté la liberté, pour diverses raisons auxquelles j'éviterai d'attribuer des jugements de valeur.

Le consensus ne fait pas la vérité. L'argent est une fiction, il est ce qu'on en fait, il existe tant qu'une communauté de personnes accepte de lui donner une quelconque valeur. Il en est de même pour la liberté. C'est également une fiction. Prenons par exemple le droit à l'école de la déclaration universelle de droits de l'homme. Dans la plupart des sociétés dites modernes, Est-il possible d'être épanoui, au moins matériellement dans sa vie, si on n'est pas allé à l'école ? La réponse est clairement non. Le droit à l'éducation n'est pas un droit, une liberté, mais plutôt une obligation implicite à l'éducation. D'ailleurs, certains gouvernements n'en font plus un mystère. L'école est obligatoire. Ce n'est donc pas un droit. C'est bien sûr le cas pour la plupart ce qu'on appelle droits ou libertés du sujet. Une utopie véritable.

Il en est de même pour l'égalité entre les Hommes, c'est une utopie sociale, ce qui ne lui ôte pas son semblant d'importance.

***

<u>Essai sur la pauvreté</u>

Un personnage qui déclare que la pauvreté est un état d'esprit peut susciter de la controverse et de l'animosité auprès des d'autres. Il n'est pas rare qu'on soit favorable à un mensonge plutôt qu'à une vérité difficile. Revenons à la pauvreté et essayons d'être objectif. Ceux qui se disent dignes et humanistes ont l'habitude d'accuser les forts d'asservir, de profiter des faibles, des pauvres. Mais est-ce que la plus grande partie du problème et donc de la solution, si elle existe ne vient pas des faibles, des pauvres, des asservis et ceux qui se disent victimes ? J'entends par là que, étant donné que le monde n'est pas un conglomérat égalitaire, c'est-à-dire que les êtres ne naissent pas toujours avec les mêmes prédispositions ou dans les mêmes familles/sociétés. C'est donc par le travail qu'ils certains peuvent rattraper leur retard sur d'autres, ou plus simplement pour réaliser leur aspiration et vivre décemment. S'ils consacrent la majeure partie de leur temps à se plaindre, à jalouser et à haïr ceux qui travaillent ou ceux qui héritent de la nature et/ou de la société, il est clair que leur situation précaire va persister. D'autant plus que ceux qui dominent consacrent leur énergie à accentuer et pérenniser cette domination. L'Etat existe pour protéger la morale qui elle, régule l'intérêt. Mais l'Etat ne peut pas tout faire. Les individus doivent prendre leur responsabilité en redoublant d'efforts afin de compenser le déséquilibre qu'ils n'ont pas mérité mais que le sort leur a pourtant attribué.

Prenons le cas du taux de natalité. Pourquoi est-ce qu'il est plus élevé chez les pauvres ? Si les enfants étaient à vendre, on pourrait le comprendre. Mais ils ne le sont pas. Ne faut-il pas suffisamment de moyens matériels et financiers pour s'occuper de sa progéniture ? Alors comment comprendre que ce sont en général ceux qui sont incapables de vivre décemment, de subvenir à leur propre besoin qui font le plus d'enfants ? C'est donc peut être lié à leur état d'esprit. Et la conséquence est finalement la reproduction des mêmes situations. D'où les faibles restent faibles et accusent les autres. Et les forts consacrent leur énergie à pérenniser leur situation.

L'une des solutions à cela est de légiférer sur le taux de natalité : on pourrait dire (avec des arguments plus solides que j'ai autrefois développés sur les plans social, éducatif, écologique et religieux), qu'il ne doit avoir plus de trois enfants par femme ou par couple dans une famille monogamique. Cela va dans l'intérêt de chaque individu, des structures sociales, de l'Etat et de l'humanité. Pour ceux qui ne respectent pas cette loi, des sanctions comme la non-gratuité de l'éducation, le non-octroi d'aides sociales, voire des sanctions plus dures.

En réalité, le fardeau de l'humanité est le fait que certains ne cherchent pas, et ne défendent pas suffisamment leurs intérêts, passant le temps à accuser ceux qui essaient de satisfaire les leurs. Ce qui aboutit à long terme à une inégalité des moyens que disposent chacun pour la satisfaction de ses intérêts. Et finalement, la reproduction des classes.

***

<u>*Essai sur le bonheur matériel.*</u>

Maintenant, faisons l'hypothèse farfelue que l'Homme doive vivre en société, doit sacrifier sa liberté pour le profit du groupe auquel lui, ou ses ascendants ont décidé d'appartenir. Dans ce cas, la répartition actuelle des richesses à l'échelle planétaire est mauvaise et dangereuse, tant pour les uns que pour les autres. Nul besoin d'être un expert pour le savoir. Aujourd'hui, la diversité et l'accessibilité aux moyens de communication nous permettent aisément de comprendre que de nombreuses inégalités, ayant des causes structurelles, existent. Que faire pour assurer un partage acceptable des ressources afin de satisfaire le bonheur matériel de tous ?

Une organisation sociale en troc généralisé est une des meilleures méthodes. J'attends par cela le fait d'éliminer l'argent, aussi bien physique qu'électronique. On peut le faire en organisant les entreprises pour qu'elles s'échangent produits et services, de façon que les employés puissent voir leurs besoins satisfaits et pas forcément recevoir un salaire. Mais un tel système a pour danger d'installer les bénéficiaires dans une zone de confort, hostile à la compétitivité des individus (dans le cas où le système n'est pas mondialisé), ou plus généralement à la capacité d'innovation (peut-être du fait que les bénéficiaires voient se diluer leur valeur personnelle et la compétition sociale). Mais assure le bonheur et l'égalité de tous dans la structure sociale conformément à la morale utilitariste. J'ai autrefois écrit un postulat « sur la concentration universelle » à ce sujet.

Concrètement, si une entreprise agricole échange ses produits avec une entreprise technologique. Les employés des deux se nourrissent des produits de l'une et utilisent les services de l'autre. Pas besoin d'aller sur un marché parallèle pour s'échanger par l'intermédiaire de la monnaie. Plus de surproduction et surexploitation des ressources naturelles qui d'ailleurs sont limitées.

Et le surplus est commercialisé si le système se réduit à un groupe limité et est conservé s'il est plus vaste. C'est ce que je nomme un troc généralisé et normé par l'Etat. La conséquence est qu'à terme, on réduit l'importance de l'argent, de la propriété. Le désir d'accumulation des richesses, de l'exploitation de l'homme par l'homme, du vol est progressivement réduit. On crée ainsi des conditions d'épanouissement de tous.

*

CHAPITRE 7
SUR L'HUMANITE CONTEMPORAINE
***

Paukémil était un individu d'une curiosité maladive, particulièrement dans sa jeunesse. Il voulait absolument tout connaître. Et comme sa vie sociale était relativement inexistante, il avait suffisamment de temps pour se consacrer à des lectures, des documentaires, des émissions radios et télévisées. Les sujets qui l'intéressaient n'avaient pas nécessairement de liens entre eux. Il lui arrivait donc de commencer la soirée par la lecture d'une série d'articles sur une crise politique en Asie du Sud-est, d'enchaîner par un documentaire sur le dressage des serpents en Afrique Subsaharienne et de terminer au bout de la nuit par un podcast sur la géométrie hyperbolique. C'est ainsi qu'avec toutes les informations qu'il avait engrangées par-ci par-là depuis sa plus tendre enfance, il était difficile d'avoir une discussion équitable avec lui. Il se targuait en outre à qui voulait l'entendre qu'il est un citoyen du monde, sous prétexte qu'il connait énormément de choses sur divers endroits de la planète.

Après plus d'une décennie de grande curiosité, Paukémil avait le sentiment de tout connaître. Quand il regardait le début d'un documentaire, lisait les premiers chapitres d'un livre ou écoutait le préambule d'une émission de radio, il avait l'impression qu'il connaissait déjà les tenants et les aboutissants. Il avait finalement la sensation de tourner en rond. Les journalistes, les reporters, les écrivains semblaient ainsi se répéter, n'avoir plus rien à apprendre à Paukémil. En même temps, ce dernier était connu pour être très prétentieux, parfois dans le vide. Toujours est-il que la curiosité qu'il avait dans sa jeunesse avait progressivement décliné, et qu'elle commençait à toucher le fond. Qu'est-ce qui avait réellement changé ? Est-ce qu'un être humain, fusse-t-il curieux et intelligent comme Paukémil pouvait tout connaître. Impossible ! Il fallait donc qu'il prenne un sérieux recul, sur lui, sur sa vie et sur le monde qu'il l'entoure.

N'ayant déjà pas de vie sociale, il réduisit ses contacts au strict minimum pendant un mois entier afin de prendre du recul et de découvrir pourquoi il n'était plus aussi curieux, comprendre si ses connaissances étaient suffisantes, si son cerveau était plein, si tout cela ne lui servait à rien au fond ou encore si c'était du côté de ses contemporains qu'il fallait se chercher cette soudaine perte de motivation mêlée à un sentiment de suffisance.

Paukémil termina ses semaines de déconnexion avec un rapport donc la première phrase était « *l'Humanité contemporaine en plus d'être hyperémotive, est prétentieuse.* »

D'aucuns m'ont souvent traité de personne prétentieuse, ils ont probablement raison. J'aime en plus le fait d'en être mais je trouve que mes contemporains le sont encore plus. Non pas les individus pris dans leur unicité mais en tant que groupe. En effet, l'être humain contemporain se croit et se sent spécial : il pense que ses prédécesseurs n'ont jamais vécu les mêmes événements que lui. Il soutient que son environnement est spécial, que ses inventions et découvertes sont différentes, que ses objectifs sont particuliers, qu'il vit l'histoire en direct et que sa génération traverse les moments les plus inédites qui ont existées et qui existeront. Il n'est pas rare d'entendre des formules comme :

- *« Le meilleur sportif de tous les temps ». On dirait par-là que le sport serait né au vingtième siècle ou que tous les sportifs depuis l'apparition de l'Homme sur la terre auraient été recensés.*
- *« L'être humain le plus grand de taille de l'histoire ». L'histoire n'a pas commencé avec la création des instruments de mesure, en plus il n'est pas dit que tous les habitants de l'empire du Mali du quatorzième siècle ont été mesurés.*
- *« C'est la pire crise économique qu'on ait connue ». Les données économiques ne sont pas enregistrées depuis l'antiquité, comment savoir si ladite crise est la pire sans paraître prétentieux sinon ignorant et malhonnête ?*

- *« La sociologie de l'hypermodernité » Qu'est-ce que c'est « hyper ». A peine rentrer dans la modernité, on parle déjà d'hypermodernité juste parce qu'on a fait deux ou trois découvertes et inventions entre temps. On aurait également pu parler d'hypermodernité quand l'homme a découvert le feu. D'ailleurs, qui sait ? Probablement que les humains de cette époque en parlaient en ces mêmes termes.*

Les exemples seraient innombrables si je poursuivais, mais je n'ai pas assez d'énergie pour cela. Le point commun est que l'hyperbole est passée de figure de style aux registres courant et familier. N'importe qui se permet d'utiliser le superlatif absolu n'importe quand et sur n'importe quel sujet. Chacun veut sortir sa petite phrase. La communauté des faux-sachants semblent s'agrandir au jour le jour. Ça devrait une véritable inquiétude qu'il convient de disséquer minutieusement.

La raison première de cette prétention contemporaine est l'absence de recul. Avec le développement et la démocratisation des moyens de communication, l'être humain contemporain est soumis à une assez grande quantité d'informations venant de divers canaux. Il a non seulement plus de moyens mais surtout plus d'occasions de produire des hyperboles. Mieux encore, Il se croit donc suffisamment armer pour faire émette des réflexions et des théories sur un sujet de son choix. Pourtant les informations qu'il reçoit ont deux caractéristiques importantes : elles sont très ponctuelles et elles sont limitées à des clusters bien définis et de plus en plus figés.

L'individu néolibéral a une relative liberté du choix des informations auxquelles il veut être exposer. Et souvent, ce choix ne se fait pas de manière rationnelle et objective. En particulier, nous avons tendance à faire des choix, à construire autour de nous un environnement qui maintient nos certitudes, qui ne dégrade pas notre zone de confort. Nous réduisons inéluctablement les possibilités de contradiction, d'échange, d'exploration et de découverte. Ce qui fait que ses choix ne tendent qu'à augmenter son biais de confirmation et à réduire son esprit critique. On est ainsi de plus en plus amenés à penser que les idées qu'on défend et qui fassent l'unanimité dans notre cluster sont les meilleures, sont celles qui assurent la paix, le bonheur, la prospérité, l'harmonie ou d'autres qualités qui nous sont importantes. Que ces idées sont les seules. On essaie donc dans le meilleur des cas d'ignorer l'existence des idées alternatives. Dans le pire des cas, on essaie d'infiltrer les clusters concurrents n'ont pas pour les découvrir, non pas pour les comprendre mais surtout pour les transformer et convertir à nos idées qu'on pense suprêmes. On use donc d'hyperboles, d'hypothèses fausses, d'arguments fallacieux et de conclusions hâtives pour essayer de sortir ceux que nous jugeons et pensons différents de ce que l'on perçoit comme étant l'obscurantisme. Bien évidemment, ce processus n'est pas toujours rationnel et planifié. Il peut résulter de l'effet de masse.

Même lorsque nous ne sommes pas cantonnés à un environnement que l'on juge favorable, les informations qui nous arrivent sont beaucoup trop ponctuelles. En réalité, l'humanité contemporaine manque cruellement de lecture historique des époques passées. Ce n'est pas toujours parce qu'il est incapable d'avoir accès à ces évènements, mais pour diverses autres raisons telle la mauvaise foi. Tenir compte de l'histoire n'est pas être réactionnaire. De nombreux algorithmes sont calibrés à partir des données historiques, ils ne sont pas pour autant réactionnaires. A moins que quelqu'un ne me démontre le contraire. Le fait que le poids donné par l'être humain aux informations soit proportionnel à leur récence est ce qu'il y a de plus normal. On peut même penser que c'est un phénomène biologique. Mais il n'est pas acceptable de faire comme si l'histoire avait commencé avec notre naissance, avec l'écriture, avec la découverte de telle loi, de telle champ de la connaissance ou de tel instrument. Les faits existent par essence. Ils n'existent pas parce que l'humanité vient d'en prendre conscience, ni parce qu'elle vient de l'expérimenter à travers un ou plusieurs organes de sens. Par exemple, l'existence des jours et des nuits existent bien avant l'existence de l'homme. C'est pourquoi il peut être malsain et malhonnête de considérer les faits, les observations et les informations comme étant indépendants. Ils sont en lien entre eux non seulement dans le présent, mais surtout dans le passé le plus.

Ces deux constats amers ayant été faits, je dois une fois de plus rappeler que l'être humain doit être le plus libre possible. Je ne manquerai pas non plus d'ajouter que dès qu'il se met volontairement ou pas en société comme je l'ai soutenu précédemment, il consent par la même occasion de sacrifier sa liberté au profit de la stabilité du groupe. Il doit quelques fois faire l'arbitrage entre la vérité, la réalité et le consensus. Les critiques à propos de l'hyperémotivité de l'humanité contemporaine deviennent nulles pour quiconque se soustrait de la civilisation.

Ayant fait ce constat un peu général sur ces contemporains, il fallait remarquer que Paukémil vu son caractère solitaire, pouvait avoir les capacités de se soustraire de la civilisation. Mieux encore, il était théoricien et partisan de la morale de l'intérêt. Pourquoi jugeait-il aussi sévèrement ses contemporains ? Est-ce que ce n'était pas à lui de revoir ses idées et de remettre en cause ses contradictions ?

J'ai beau être une sorte d'individualiste libéral, mais je vis dans une société. J'accepte donc, quelque fois malgré moi de suivre les règles et les codes qui s'imposent. Je suis conscient que cela participe à me dénaturer. Mais je suis d'autant plus heureux que j'en sois conscient. Je suis donc continuellement tiraillé entre la peur de me dénaturer de manière irréversible et le sentiment de satisfaction qu'est la conscience de ce fait. Mais je pense néanmoins que je m'éloigne comme mes contemporains de la question principale.

Pourquoi avoir peur de se dénaturer ? Pourquoi verrais-je un problème à me conformer, à m'intégrer à mon environnement, à ressembler à mes semblables ? On dit bien que dans la sélection naturelle, les êtres vivants qui s'en sortent le mieux ne sont pas nécessairement les plus forts et/ou les plus intelligents mais ceux qui sont le mieux capables de s'adapter. Le conformisme social et culturel est de fait une manière de s'adapter, donc de vivre durablement voire de perpétuer ses traces. Vivre durablement, cela m'intéresse au plus haut point. Mais perpétuer mes traces ? Pour en faire quoi ? Qu'est-ce que j'y gagne ? N'est-ce pas aux autres de décider s'ils ont besoin que je laisse mes traces dans leur existence ?

Ça en fait des questions à éclaircir. Il faudrait arrêter car la vie d'un humain est assez courte pour pouvoir répondre objectivement à toutes ces questions. Mieux encore, beaucoup d'entre elles ont déjà été répondues. Il faut convoquer la mémoire collective, car nos ascendants quel que soit leur profession ont eu des réalisations remarquables. En mathématiques par exemple, pas grand monde ne s'interroge sur les axiomes de l'arithmétique, de la géométrie ou de la théorie des ensembles. Tout simplement parce que le consensus de la profession voudrait qu'on ait déjà débattu et résolu ces questions. Il pourrait en être de même sur la question de la natalité, du mariage, du bonheur. Pour faire simple, il s'agit de dire que l'effet de masse, Dieu, les émotions, etc. sont les réponses que les générations précédentes ont données la quête du bonheur.

Et finalement, essayer de retraiter le sujet relève d'un perd-temps.

Pour finir, est-ce qu'un être humain qui plus est un jeune peut rigoureusement remettre en cause les pratiques qui ont cours dans une société donnée depuis des temps immémoriaux sous prétexte qu'il est plus intelligent, qu'il ait lu et cherché ou même sous prétexte qu'il soit libre ? Il me semble plus intéressant de se conformer dans un premier temps et sur une période acceptable, et de remettre en cause par la suite ce qui n'a pas marché. Mais la vie est tellement courte que ce choix ne paraît pas optimal d'une part et d'autre part s'inscrire dans le conformisme un tant soit peu c'est prendre le risque d'abandonner irréversiblement une partie de sa liberté.

Paukémil ressentait que les semaines de déconnexion lui avaient été bénéfiques. Mais pas suffisamment pour le conforter. Il n'avait pas encore de certitudes, bien au contraire certaines réponses soulevaient des questions plus difficiles et plus profondes. Soit Il faudrait continuellement réfléchir soit il faudrait se préparer à faire des compromis.

*

CHAPITRE 8
SUR LES OBJECTIFS DE L'HUMANITE

***

La hiérarchisation des objectifs est un procédé qui consiste à classer ses objectifs par ordre de priorité, et lorsque les objectifs prioritaires ne sont pas atteints, sacrifier ou repousser les objectifs moins prioritaires. Elle a pour but d'autocensurer celui qui l'applique en lui inculquant notamment l'esprit de rigueur. Et notre cher Paukémil était un expert à ce jeu-là. C'était également ce qui accentuait son état d'intrus. Par exemple, lorsqu'il avait en second objectif d'avoir la meilleure note en mathématiques et aller à une réunion en cinquième objectif, s'il n'obtenait pas la meilleure note, il décidait de ne pas aller à ladite réunion. Car soit il devait utiliser ce temps pour étudier afin d'être le meilleur au prochain examen. Soit parce qu'il jugeait qu'aller à cette réunion était un privilège qu'il ne méritait pas à cause de son échec. La hiérarchisation des objectifs lui faisait perdre en général, mais volontairement, des moments de joie, de plaisir, de quiétude et de nombreuses choses dont la plupart de ses contemporains raffolaient. Cela faisait de lui, une sorte de retardé social, une personne bizarre. Il était bien conscient, et il n'en avait cure.

Il restait cependant un être humain avec ses diverses caractéristiques naturelles. Il arrivait donc de temps en temps, même si c'était vraiment rare, qu'une jeune fille plaise à Paukémil, aussi bien sur les plans physique, intellectuel et comportemental. Et cette fois-là, c'était Zarbie.

Elle lui avait été présentée par son vieil ami Micky. Ce dernier demandait régulièrement à son pote s'il deviendrait un homme comme les autres, s'il rencontrerait une fille, s'il vivrait l'amour, s'il serait heureux et normal, et même s'il aurait une descendance. C'est pourquoi il présentait souvent des filles aussi belles les unes que les autres à Paukémil. Il espérait qu'un jour, ce dernier franchirait le cap. Il ne perdait rien à attendre. Micky était un jeune homme de taille moyenne. Il était soigneux avec son apparence. Très sportif à la fois pratiquant et fan. Il aimait sortir le week-end pour faire la fête ou s'adonner à diverses autres activités comme les jeunes de son âge. Particulièrement sérieux dans ses relations amoureuses, il était avec sa copine actuelle depuis près de trois ans. On pouvait parfois se demander ce qu'ils faisaient ensemble, pourquoi il s'était lié d'amitié avec Paukémil. Pour répondre, cela c'était fait de manière naturelle. Paukémil n'avait pas eu besoin de théoriser là-dessus. Quoiqu'il arrivât qu'il s'interroge sérieusement sur l'utilité réelle de ses amis, de sa famille, de ses proches sans exception.

Paukémil avait pris soin de demander à son ami de décrire Zarbie. Ce que Micky fit, car sinon il réduirait la volonté de l'intrus à rencontrer une fille, à néant.

Paukémil, même s'il s'aventurait rarement dans des relations sentimentales, pouvait être très exigent. Il disait être attiré par les filles particulièrement belles, brunes ou blondes, de comportements et de centres d'intérêts différents des siens. En effet, *« une relation amoureuse, si j'en ai, devra me permettre de faire, d'échanger, de partager, de découvrir des choses nouvelles et stimulantes pour mon corps et mon esprit »*, disait-il. D'après ce que lui avait dit son pote Micky, Zarbie aurait la plupart des critères qu'il aimerait. Paukémil devait être excité, et Paukémil était excité à l'idée de rencontrer cette demoiselle.

Il ignorait en revanche s'il y avait des qualités que Zarbie recherchait chez un gars, et si oui, qu'étaient-ils et les avait-il ? Paukémil avait donc tout à prouver. Mais est-ce que cela était une préoccupation pour lui ? Il réussit donc tous les objectifs précédents à la conquête de Zarbie. C'était donc le moment fatidique. Qu'est-ce qu'une personne caractérisée d'intrus, d'asocial et de bizarre par la plupart de ses proches devrait dire à une jeune fille pour la convaincre de sortir avec lui, ou au moins d'avoir un rendez-vous.

Micky avait quelque peu parler de Paukémil à la demoiselle, qui était en fait la camarade d'école de la petite amie de ce dernier. Il était convaincu que les deux s'entendraient bien. Il avait l'habitude de parler aux femmes. Il n'avait donc pas eu d'énormes difficultés à convaincre Zarbie de rencontrer son pote. D'ailleurs, il lui retournait tout le temps ses idées *« Hey, Monsieur Paukémil, vous prétendez tout le temps que la théorie sans pratique est aveugle et la pratique sans théorie est vide. Vous avez déjà théorisé sur l'amour, pourquoi ne pas l'expérimenter également. Vous pourriez ensuite tirer des conclusions ».* N'aurait-il pas dans un coin de sa tête *« je suis sûr que lorsqu'il y aura un événement déclencheur et qu'il va rencontrer une fille qui le comprend, il va arrêter de philosopher pour vivre ».* Cette pensée, si Paukémil la découvrait, considérerait son Micky comme un contradicteur plutôt qu'un ami. Pas que Paukémil n'aimait pas les contradictions, mais cela pouvait l'exciter encore plus qu'une amitié.

Et le jour du rdv arriva. Paukémil arriva avec dix minutes d'avance. Il faut dire qu'il détestait particulièrement le retard. Il lui arrivait parfois d'annuler le rendez-vous juste parce son interlocuteur était arrivé en retard. Heureusement pour lui, ou plutôt pour Zarbie, elle arriva cinq minutes après lui. Il l'aperçu de loin. Une chaussure ballerine noire, Un pantalon bleu ciel et un t-shirt blanc. Les couleurs étaient agencées dans l'ordre favori de Paukémil : noire, bleue-ciel et blanche signifiant de l'obscurité à la lumière. Zarbie lui faisait déjà plaisir, sans pourtant le connaître. En plus de son habillement, elle était très jolie et non maquillée. Ça faisait cinq minutes que Paukémil était dans ce restaurant bar qu'il avait réservé pour le rendez-vous. Il s'était installé sur une table de deux personnes dans un coin calme de la salle. Quand il vit Zarbie, il la reconnût car Micky lui avait montré quelques photos d'elle. Il se leva et essaya de lui serrer la main, mais elle se pencha vers lui pour lui faire une bise comme c'était de coutume dans cette contrée !

    La plupart des personnes essaient d'apprendre à connaître la fille, à lui faire plaisir par galanterie. Mais non, Paukémil se devait presque inconsciemment de tenir son titre d'intrus. Il avait préparé l'un de ses habituels monologues sur ses théories, qu'il présenta à Zarbie, après avoir terminé les formalités de politesse habituelles, comme s'il l'avait mémorisé auparavant :

À peine commencé, à peine des théories. Zarbie souriait encore, laissant transparaitre ses dents toute blanches. Elle ne s'imaginait pas ce qu'il devait arriver.

Une grande partie de mon existence obéit à une démarche plus ou moins rigoureuse. Tout le monde semblait heureux dans ma communauté parce qu'il y avait la joie de vivre, la fraternité et la volonté de vivre ensemble mais sur le plan matériel, il y avait des difficultés notables. J'ai donc depuis mon plus jeune âge eu un désir ardant de changer ma société, réduire la pauvreté, bâtir des infrastructures, ... En essayant de réaliser ces projets, j'ai compris que ce n'était pas ma communauté qui avait un problème, mais mon pays, je suis devenu un patriote. J'avais la conviction que je pouvais contribuer au développement économique et social de mon pays, notamment en devenant un responsable politique. Mais j'ai rapidement *réalisé que ce n'était pas à l'échelle nationale qu'il fallait réagir, mais à l'échelle continentale et finalement à l'échelle mondiale. En réalité, j'avais comme tout le monde une conception erronée du bonheur. Une conception selon laquelle il faut avoir des infrastructures matérielles, des industries, une armée, un PIB conséquent, un dynamisme économique, des institutions politiques stables, etc. pour être considéré comme **pays développé, un pays heureux**. Une conception erronée par l'effet de masse, par le conformisme et son accumulation à travers les siècles.*

J'ai écrit une série d'articles (la morale de l'intérêt, je suis un africain mais je combattrai l'Afrique et l'Africain, tentative d'explication de la mort précoce, ...), un livre de plusieurs essais (Sur le Chemin de la révolution idéologique), et j'ai même créé ce que je qualifiais d'idéologie du futur. Avec tout cela, j'avais pour ambition de poser les fondements théoriques et philosophiques d'un monde nouveau, presque de la même manière que Descartes a contribué à théoriser Les Lumières deux siècles avant. Les questions dont je traitais pouvait améliorer la société dans un bon sens, mais en réfléchissant, je sentais que les solutions apportées étaient superficielles, qu'elles auraient pu résoudre certains problèmes, mais que les solutions n'auraient pas pu être durables parce que les problèmes devaient nécessairement être tous liés. Je savais donc qu'il fallait faire mieux.

J'ai donc commencé par rejeter ou plutôt à adoucir mes sentiments, mes émotions avec parfois peu de succès je l'avoue. Proclamant que l'amour, la pitié, la compassion et les autres émotions sont des choses fictives. Puis arguant qu'elles ne sont pas primordiales dans la vie de l'être humain. Et que ce dernier leur accorde une place, une importance plus que nécessaire. C'est qui fait en sorte qu'il s'éloigne de ses autres priorités. Cela est dû à l'effet de mode et aux pressions sociales. Il fallait donc non pas totalement rejeter, mais équilibrer sa vie entre ses émotions et les autres pans (quels sont-ils ? à chacun sa réponse, toujours est-il qu'ils existent). Qu'entends-je par pressions sociales ?

La fille commença à s'impatienter, en jetant quelques coups d'œil sur son téléphone.

Son verre était presque vide, tandis que Paukémil qui n'avait pris qu'une seule gorgée, semblait imperturbable.

L'intérêt est à la base de la société. J'ai dû déjà l'expliquer auparavant, pas à toi. Mais la société comme les autres formes d'associations nait de la volonté des individus de préserver et pérenniser leur intérêt par l'union de leur force et de leur intelligence. Cette union est à la base de la morale, des sciences, des idéologies et des organisations. L'homme dans son cheminement ne doit jamais oublier qu'à la base, ses intérêts sont prioritaires devant ceux de sa société. C'est bien pourquoi les idéologies politiques les plus stables sont celles qui laissent une liberté suffisante, ou plutôt une illusion de liberté au sujet. Toutes les autres dégénèrent en général en dictature, en guerre, et donc dans tous les cas à la perdition de la société. La collectivisation des Hommes conduit également au passage de la guerre de chacun contre tous à des conflits plus espacés mais plus violents. Cette coalition d'individus apporte donc un problème notable.

Paukémil fit une petite pause, il avait remarqué que son interlocutrice, ou plutôt son auditrice avait terminé son verre. Il appela le serveur pour demander un autre verre. On peut même se demander s'il savait ce qu'elle buvait. Il poursuivit aussitôt.

L'effet de masse, c'est l'effet par lequel un groupe d'individus effectue de manière involontaire dans la plupart des cas les mêmes gestes ou pratiques, en ignorant leur origine et/ou leur signification. Le conformisme et la pression sociale peuvent être des synonymes. La majeure partie de l'humanité en est acteur et victime. L'école, la famille et la religion sont notamment des moyens de transmission. Cela a pour conséquence de réduire chez l'être tout esprit de discernement fondamental, de remise en cause, d'indépendance pure, et finalement de poursuite d'objectifs que lui-même il s'est défini de manière autonome. Nous en sommes également moteurs, car participons à la pérennisation et l'accélération de cet effet de masse : quand nous envoyons nos enfants à l'école, quand nous donnons des conseils qui nous ont été donnés, quand nous faisons des choses sans nous interroger. Il crée aussi des illusions comme la liberté ou l'égalité, transforme le culturel en naturel. Même si cela semble naturel du fait de son accumulation au fil des siècles, l'effet de masse pourrait être malsain, voire dangereux pour l'Homme sauf si l'on admet que notre situation actuelle est idéale.

Même s'il remarquait la situation inconfortable dans laquelle il mettait Zarbie. Il parlait toujours parce qu'il apercevait un brin d'attention et de concentration. Et puis, il ne pouvait pas s'arrêter en si bon chemin, il fallait prendre le risque de perdre la fille, mais terminer son exposé. Et puis, était-ce un risque ?

Il y a encore une autre situation de l'Humanité, c'est son rapport avec l'absolu. On peut voir qu'il découle d'une certaine manière de l'effet de masse. Mais à la base, l'Homme utilise l'absolu pour se décharger ou s'aider à faire face ou à fuir ses difficultés. Pourtant, seule la recherche d'un équilibre parfait entre son corps et son esprit suffirait. J'entends par là, qu'actuellement le corps et la chair ont une grosse influence dans nos décisions, et nous gagnerions à mettre quelques fois son corps en difficulté, le pousser légèrement et régulièrement à ses limites, et aussi travailler son esprit.

Tout cela m'amène à un ensemble de conclusions :

La figure de Zarbie s'illumina, comme si elle venait de tomber amoureuse de Paukémil. Il crut un instant qu'elle voulait l'embrasser. Mais non, c'était simplement parce qu'elle avait entendu le mot « conclusion ».

Soit l'humanité vit et peut-être a toujours vécu dans sa situation idéale. Dans ce cas, il n'y a absolument rien à changer. Et les inégalités, la pauvreté, les discriminations de toutes sortes, la guerre, la maladie et la mort, sont des problèmes superficiels pour l'Homme, et font peut-être partie de lui. Ce dont je doute fortement.

Soit l'Homme individuel est prioritaire sur l'humanité. Et donc, chacun doit d'abord mettre ses intérêts en priorité, et si ceux-ci coïncident avec ceux du groupe auxquels il appartient, tant mieux. Et de-là, l'Homme ne peut s'épanouir totalement en société, parce qu'elle dilue ses intérêts et sa liberté véritable à travers la morale, les émotions et l'effet de masse.

Soit finalement, l'Humanité a vocation à vivre ensemble. Les Hommes, quel que soit la thèse sur leur origine et la cosmogonie que l'on considère, doivent être ensemble, partager des choses matérielles et immatérielles. Ils ont de ce fait un objectif commun et sûrement unique. Ils doivent donc à chaque moment de leur existence, œuvrer pour l'atteinte de cet objectif que j'appelle objectif fondamental. Et, qui est prioritaire sur tous les autres qui puissent exister. Et d'ailleurs, tous ces autres objectifs ne devraient participer qu'à l'atteinte de cet objectif fondamental. La nature de cet objectif varie en fonction des peuples et des religions : certains chrétiens pensent par exemple que l'objectif de l'Homme est d'avoir la vie éternelle. J'ai quelques fois supposé que cette vie éternelle serait l'atteinte de l'équilibre parfait entre le corps et l'esprit. De là, le conformisme et l'effet de masse apportés par les associations, l'hyperactivité des émotions, le déséquilibre entre le corps et l'esprit, tous les trois éloignent l'Homme de son objectif fondamental.

D'où ma thèse principale : l'humanité s'est trompée d'objectif, et nous devons retrouver cet objectif.

Au fait, comment est-ce que Paukémil pouvait imaginer qu'il réussirait à conquérir Zarbie avec ses théories, et particulièrement avec sa vision de l'amour et de l'intérêt ? Etait-il dupe à ce point ? Peut-être qu'il pensait qu'être intrus était son charme. Oui, il savait qu'on le voyait comme un intrus, même si dans son subconscient, il se disait que ses contemporains eux, étaient plutôt intrus dans le monde.

Paukémil n'avait pas choisi, n'était pas tombé sous le charme de Zarbie par hasard, elle avait bien écouté son discours, bien que déconcertant. Elle avait une seule question en tête, et notre intrus universel savait qu'il n'avait pas encore de réponse. Et pour ne pas gâcher sa chance de la conquérir, par exemple à cause de son incapacité de répondre à cette question, en cette soirée-là, il poursuivit directement et de manière presque confiante :

Si j'ai le privilège de te revoir une prochaine fois, je te promets de te dire, quel est selon moi l'objectif fondamental de l'humanité.

Désormais, Paukémil devait commencer à théoriser sur un nouveau sujet : savoir si Zarbie accepterait de le revoir. C'est peut-être pourquoi il n'appréciait pas ces choses, car il pensait que ça le détournait de ses interrogations fondamentales. Prétentieux et impatient de son état, il était certain d'avoir fait de son mieux, et que c'était à Zarbie de se décider. Serait-elle séduite par un tel individu ?

Zarbie et Paukémil se levèrent pour rentrer chacun chez soi. Paukémil ayant bien évidemment pris le soin de la raccompagner comme le lui avait conseillé Micky, bien qu'il trottât dans son cerveau la phrase suivante : *« la galanterie est une caractéristique de l'effet de masse ».*

*

CHAPITRE FINAL

***

Il arrivait souvent que Paukémil, dans ses multiples interrogations, se perde lui-même. C'est en tout cas ce que certaines personnes de son entourage pensaient et disaient. En même temps, c'est l'impression que donnait le petit intrus quand il feignait de ne pouvoir pas répondre aux questions qu'on lui posait sur ses idées. Pourtant, il était plus légitime de penser que, s'il ne répondait pas à son interlocuteur, c'est juste parce qu'il n'avait pas encore assez de mots pour expliquer le fond de sa pensée, sans risquer de perdre celui qui l'écoute. Malgré ses efforts, il paraissait quelque fois incapable de soutenir ses idées. Et tout cela pouvait le rendre incompréhensible. Il y en avait une qui prétendait, le connaitre, le comprendre. Il n'y croyait guère. Elle s'appelait Noa. Et lors de leur conversation, il demanda à Noa *« Tu prétends tous les jours me connaître ? Prouve-le-moi »*.

Noa était une jeune fille intelligente et particulièrement jolie. Et la manière dont Paukémil lui parlait, l'écoutait, on aura pu croire que la beauté et la qualité de son interlocutrice le perturbait sérieusement. Paukémil qui lui-même avait autrefois affirmé qu'il était dans un processus avancé d'annihilation de ses états d'âmes, au moins parce qu'il trouvait que ses contemporains accordaient trop de temps à cela. *Était-il finalement tombé sous le charme de Noa ? Quelle relation entretenaient-ils ? Quelle relation étaient-ils voués à entretenir ? Était-ce une amie ? Était-ce une personne avec qui Paukémil aimait juste avoir des discussions philosophiques ? Avait-elle une place particulière dans son esprit ?* La nature des questions pouvait paraître futile pour une personne bizarre, mais peut-être que Noa de son côté se posait réellement ces questions-là.

Donc, après un moment de silence gêné. Paukémil sentit que Noa ne saurait lui répondre pour une fois depuis qu'ils se connaissaient. Il reprit « *Ne t'inquiète pas. Ma question était rhétorique.* »

Après son départ, Noa ressentait sûrement une gêne relative parce qu'elle n'a pas apporté la preuve attendue par Paukémil. Elle entreprit donc d'écrire un mail à son interlocuteur avant de se consacrer à toutes autres activités.

Mon cher Paukémil, il est évident que tu penses et vis un peu différemment, et que la plupart de tes proches te considèrent comme un intrus. Même s'ils ne le disent pas toujours distinctement. Tu peux l'interpréter à travers certains de nos actes et de nos paroles. Nous utilisons les expressions comme « tu es bizarre », « tu es un vrai fou, Paukémil », « Continue comme ça et tu vas mourir célibataire », « Essaie parfois de faire les choses comme tout le monde », « Tu ne peux pas te fondre dans la masse ? », « Toi, Paukémil, tu me dépasses. », ...

Mais en réalité, qu'est ce qui fait vraiment de toi un intrus ? Toutes ces phrases peuvent être adressées à quiconque selon les circonstances. Et pourtant chaque être humain ne peut être intrus. En tout cas, pas dans le même sens que toi. Alors, laisse-moi te prouver pourquoi je suis certaine de te connaître.

Si l'on se base sur la génétique moderne, il est aisé de montrer que tous les êtres humains sont différents. Ou encore sur le plan spatial, en un instant donné, les centres de gravité de deux corps humains ne peuvent être au même endroit. Cela fait-il d'eux des intrus ?

Il existe beaucoup de gens dans le monde qui ne croient pas à l'amour, pour plusieurs raisons (parce qu'ils ont été déçus plusieurs fois, parce qu'ils ont d'autres besoins comme le pouvoir ou l'argent, pour des raisons philosophiques, etc). Cela fait-il d'eux des intrus ?

C'est un peu dubitatif, mais il existe beaucoup de personnes qui voient le monde comme un vaste ensemble d'intérêts, qui pensent et définissent tout groupe de plus de deux êtres humains (y compris le mariage et la famille) comme un groupe d'intérêts. Et qui ajoutent que la morale n'est là que pour réguler les intérêts, et finalement que le monde est bâti sur la base de l'intérêt. Cela fait-il d'eux des intrus ?

Plusieurs sont ceux qui sont révoltés par l'effet de masse, le conformisme et le suivisme. Qui pensent que les hommes sont aveuglés depuis des siècles par le fait qu'ils se partagent et se transmettent les mêmes tares aux niveaux comportemental, gestuel et social. Et que cela entraine des fantasmes sur la liberté, l'égalité et d'autres sujets. Cela fait-il d'eux des intrus ?

Dans le monde, il y a beaucoup qui se disent athées, agnostiques, païens ou laïcs. Il y a peut-être certains qui pensent que Dieu est une création humaine pour des raisons plus ou moins similaires aux tiennes. Il y en a également qui affirment que le rapport de l'homme avec l'absolu justifie et confirme sa faiblesse. Cela fait-il d'eux des intrus ?

Non, Paukémil, toi, est appelé intrus parce que tu as tous ces avis à la fois. Tu ne s'interroges pas sur une seule question, tu ne contestes pas une seule thèse. Tu contestes plusieurs à la fois. De plus, tu es convaincu que l'humanité entière s'est trompée d'objectifs. Et en même temps, dans ta vie quotidienne, tu vis en conformité avec tes théories, et donc en évitant avec peu de succès d'être manipulé par ton environnement.

A cette allure, on peut se demander tu n'as pas pour ambition d'aller vivre dans une grotte, de se soustraire de la civilisation. En tout cas, si tu essaies, je t'en empêcherai par tous les moyens.

Aussitôt le mail arrivé, Paukémil s'empressa de le lire. Il aurait pu être étonner par la précision de la description que lui avait fait la chaire Noa, mais il y avait un élément qu'il se gardait de détailler aux autres. A suivre.

*

Tables de matières

***

Dédicaces	2
Chapitre introductif	3
Sur l'amour et les sentiments	9
Sur la morale de l'intérêt	23
Sur les idéologies politiques	33
Sur l'effet de masse	45
Sur l'homme dans ses rapports avec l'absolu	57
Sur la quête de l'Universalisme	70
Sur l'Humanité contemporaine	81
Sur les objectifs de l'Humanité	93
Chapitre final	109

© 2021, Sopgoui, Lionel
Edition : Books on Demand,
12/14 rond-Point des Champs-Elysées, 75008 Paris
Impression : BoD - Books on Demand, Norderstedt, Allemagne
ISBN : 9782322274079
Dépôt légal : janvier 2021